# 상식의 역사학, 역사학의 상식

― 박정신의 역사문화 읽기, 그 하나

# 상식의 역사학, 역사학의 상식
-박정신의 역사문화 읽기, 그 하나

2008년 11월  5일 초판인쇄
2008년 11월 10일 초판발행

지은이 ㅣ 박정신
펴낸이 ㅣ 이찬규
펴낸곳 ㅣ 북코리아
등록 ㅣ 제03-01240호
주소 ㅣ 121-801 서울시 마포구 공덕동 115-13 2층
전화 ㅣ 02-704-7840
팩스 ㅣ 02-704-7848
이메일 ㅣ sunhaksa@korea.com
홈페이지 ㅣ www.sunhaksa.com
값 12,000원

ISBN 978-89-92521-96-3 (03900)

# 상식의 역사학 역사학의 상식

박정신의 역사문화 읽기, 그 하나

# 머리글

　여기 모은 짧은 글들은 내가 미국과 한국에 살면서 역사, 사회, 문화 그리고 종교현상에 대해 그때그때 생각했던 것들을 담은 것이다. 내가 역사를 공부하고 가르치는 사람으로 살았으니 당연히 역사학에 기대어 쓴 글들이다. 그것도 계급이니 민중이니, 근대니 탈근대니, 민족이니 탈식민이니 하는 '거대 담론'을 이야기하고자 한 것이 아니라 '상식의 역사학, 역사학의 상식'에 터하여 여러 현상과 문제들을 느낀 그대로 쓰고 발표한 것들이다.

　이런 나의 생각들은 강연, 신문칼럼, 방송논설과 같은 형식을 띄고 나왔다. 〈조선일보〉, 〈동아일보〉, 〈중앙일보〉, 〈경향신문〉과 같은 일반신문과 〈크리스천신문〉, 〈기독신문〉, 〈기독공보〉, 〈아름다운 동행〉과 같은 기독교계 신문, 잠시 관여한 〈뉴스앤조이〉와 같은 인터넷 신문 편집인으로서 쓴 신문칼럼과 미국에 있을 때 한인회, 한국학생회, 한인교회에 초청을 받아 강연

하고 기고한 에세이들이다. 학술논문은 아니지만 역사학에 몸담고 있는 나의 생각을 담은 것들이다. 내가 쓴 학술논문이나 연구서만큼이나 내게는 소중한 글들이다.

 글을 묶으면서 다시 읽어보니 부족한 부분도 많고 오늘 우리 사회의 관심과 거리가 있어 호소력이나 설득력이 약해진 것이 있다. 그러나 나는 이 작은 글들을 고치지 않고 그대로 내기로 했다. 그만큼 이 '작은 글들'은 내가 지나온 '그 곳, 그 때'의 삶의 현장에서 내 생각을 느낀 그대로 담고 있기 때문이다. 그렇다, 이 '작은 글들'은 상식의 역사학, 역사학의 상식에 기대어 자기 성찰적으로 삶을 꾸리고 학문을 한 나의 모습을 담고 있다.

 나는 이 짧은 글들을 쓸 때 내 옆에서 나의 생각에 '도전'하고, 나의 글들을 가다듬어준 아내 임정원을 기억하고 나의 고마움을 여기 기록해 두고자 한다. 아내는 글을 쓰거나 가르치는 일에 몰두한 나의 삶의 버팀목이다.

2008년 가을<br>박정신

## 차례 contents

### 첫째마당 _ 상식의 역사학, 역사학의 상식

- 13 상식의 역사학, 역사학의 상식
- 17 '역사하기'와 '역사쓰기'
- 21 새 술은 새 부대에 담자
  - 지금의 갈등, 혼란, 혼동은 역사가 진보하는 과정에서 나타나는 당연한 현상
- 25 누가 원로라고 뽐내는가
  - 누구에게도 이 봉건의 딱지를 붙여주지 말자
- 29 왜 우리에겐 하즈미 시케히코가 없는가
- 33 우리 이제 희망을 노래하자
- 37 우리 인문학 안팎의 '경제주의'
- 41 인문학 위기? - 나는 희망을 말한다
- 45 '국제화' 유감
- 49 우리가 본 인도, 인도를 통해본 우리

## 둘째마당_문화이야기

- 55  문화이야기
- 63  우리의 장이 천대문화, 이대로 좋은가?
- 68  어느 유학생부인의 이야기
- 72  미국의 인종 문제
- 80  중국 김치파동
- 84  우리는 왜 미국에서 조차 코리언이어야 하는가?

## 셋째마당_우리는 예루살렘보다 베들레헴을 본다

- 93  우리는 예루살렘보다 베들레헴을 본다
- 96  마구간의 예수
- 99  새해에도 우리는 '예루살렘'과 맞선다
- 102  가시관의 예수, 금관의 예수
    - 황금면류관보다 가시면류관 쓴 예수를 섬겨야
- 106  생수가 솟아나는 샘물이 되자
    - '헤롯의 세상'가치 추구하는 교회…세상과 교회 구별 없어
- 110  '소동'의 예수
    - '소동'의 참뜻을 교회가 깨달아야 합니다
- 113  상실의 신앙 -마태복음 16장 21~26절

- 117  초월의 공동체를 구성하자
  - 시대를 살아가는 기독인의 자세
- 121  '하나님나라'만 이야기 하겠습니다 -신임편집인 박정신 교수 취임사
  〈뉴스앤조이〉가 나아갈 세 가지 방향
- 125  파당의 정치, 초월의 정치
  - 하나님나라는 흑백의 나라가 아니다
- 129  내 안에 계시는 하나님
- 132  믿는 바를 넘어서

## 넷째마당 _ 우리 교회의 우상들

- 139  우리 교회의 우상들
- 143  경제주의에 노예된 한국 교회
- 147  '어글리' 크리스천
- 151  아름다운 그리스도인, '하남 YMCA 사람들'
  - 구한말 사랑방교회를 닮은 공동체…교회 울타리 넘어 하나님 나라로
- 155  아름다운 이 땅의 그리스도인들
- 159  이(利)보다 의(義)를 구한 기업인 김형남
- 163  누가 달콤한 잠을 깨우는가
  - 고백과 회개의 잠을 깨우는 이들이 반기독교 세력인가
- 166  IMF 시대와 우리 교회
- 169  목사님 전상서

172 "누가 유시민의 '기독교 비판'을 비판하는가"

## 다섯째마당_한국 기독교, 역사의 앞섬이에서 뒷섬이로

181 역사의 앞섬이에서 뒷섬이로 -한국기독교의 모습변화에 대한 한 생각

194 6·25 이후 기독교에 뿌리 내린 반(反)기독교 정신
— 천박한 물량주의, 이기적 기복 신앙, 전투적 반공주의

205 4·19 학생혁명과 기독교

224 왜 친일청산이고 과거사 정리인가
-한국교회는 교회지도자부터 타협하고 굴종한 행적 고백해야 할 때

228 '친일청산' 교회가 앞장서야 한다
— 그래 '이름 없는' 사람이 교회 지켰고 '이름 있는' 자가 친일행위 했다

232 『크리스천 신문』의 창간
— 그 역사성과 오늘의 소명

# 첫째 마당
# 상식의 역사학, 역사학의 상식

상식의 역사학, 역사학의 상식 | '역사하기'와 '역사쓰기' | 새 술은 새 부대에 담자 | 누가 원로라고 뽐내는가 | 왜 우리에겐 하즈미 시케히코가 없는가 | 우리 이제 희망을 노래하자 | 우리 인문학 안팎의 '경제주의' | 인문학 위기?-나는 희망을 말한다 | '국제화' 유감 | 우리가 본 인도, 인도를 통해본 우리

# 상식의 역사학, 역사학의 상식

세상이 변하고 있다. 변해도 너무 빨리 그리고 크게 변하고 있다. 동서냉전의 구도도 붕괴되고, 이념의 대결이 순식간에 무너졌으며, 나라나 민족의 구분도 흐릿해 가고 있다. 농경사회에 살고 있다고 하더니 산업사회가 도래했다고 하고, 산업사회에 살고 있다고 하더니 지식정보사회에 살고 있다고 한다. 이처럼 우리는 너무나 짧은 기간에 엄청난 변동을 겪었그 또한 겪고 있다.

지금 우리 사회는 어떤가. 북한 지도자들이 언제 들이닥쳐 우리를 삼켜버릴 악마와 같다고 교육을 받은 것이 어제 같은데 오늘에는 서로 웃고 얼싸안으면서 형제처럼 지내고 있다. 어제까지 우리 민족의 '은인'이라고 추앙하던 맥아더 장군이 조롱의 대상이 되고 있고, 이런 저런 학교의 설립자나 총장으로서 존경받던 인물들이 '친일파'라는 너울을 쓰고 '죄인'이 되었다. 이른바

'과거사 정리'라는 깃대를 높이 쳐들고 우리의 '어제'를 되새기려는 거친 물결은 '우리의 어제'를 송두리째 뒤집어 가고 있는 것이다.

그래서 이 엄청난 변화의 소용돌이 가운데 서 있는 우리 사회는 혼동 그 자체다. 친구끼리 나누어져 언쟁을 벌이고, 명절에 모처럼 만난 가족들은 이념으로 나뉘어 얼굴을 붉힌다. 여기저기 나타나는 사회단체나 시민단체들도 서로 나뉘어 삿대질을 하고, 직장 동료들 사이에도 가시 돋친 말을 주고받는다. 많은 이들이 우리 공동체가 어디로 가고 있는지 염려하고 그리고 불안해하고 있다. '어제의 질서'가 뒤흔들리고 '어제의 가치'가 휴지조각처럼 휴지통에 던져진 오늘의 상황, 그렇다고 그 자리에 '새로운 질서'가 들어서고 '새로운 가치'가 나타나 우리 공동체를 통합하지 못하고 있는 '이제'를 살아가야하는 우리는 마땅히 우리 공동체의 '올제'를 염려하고 그리고 불안해야할 것이다. 그렇다, 우리는 격변과 혼란 그리고 혼돈의 시대에 살고 있다.

이러한 격변과 혼돈의 시대를 사는 이들은 가치 혼란을 겪는다. 어떤 가치를 쫓고, 어떤 기준으로 이 격변과 혼돈의 사회현상을 보아야 할지 몰라 더욱 혼돈, 혼란, 무질서의 수렁으로 빠지게 된다. 이런 혼돈의 역사 단계가 길어지면 사람들은 진취적이거나 전향적인 마음가짐으로 새 시대에 걸 맞는 새로운 가치를 찾으러 나서기보다, 질서와 안정을 목이 타게 기다린 나머지 옛 가치와 옛 질서를 그리워하게 된다. 여기에 이른바 보수네 진보네 하는 이들이 나와 대결을 한다. 옛 질서와 옛 가치에 터하여 우리 공동체의 통합과 안정을 도모하려는 이들을 우리는 보수라 하고, '뒤틀린 우리 공동체'를 새 가치로 재구성하여 새로운 질서를 모색하려는 이들을 진보라고 한다. 우리 사회가 겪고 있는 이념대결이나 세대갈등은 역사진행 과정에서 당연히 나타나는 현상이다.

그렇기에 우리는 이 현상을 두려움으로 바라보지 않는다. 역사진행 과정에서, 아니 역사발전 과정에서 항상 있는 현상으로 인식한다. 거꾸로 생각하면, 역사발전을 위해서는 다른 생각들 사이의 겨룸, 세대나 계층 사이의 갈등, 다른 민족이나 나라와의 경쟁 따위가 있게 마련이다. 그래서 역사학자 토인비는 역사를 '도전과 응전'의 마당이라고 했고, 마르크스는 계급 사이의 투쟁이라고 인식했으며, 신채호는 '우리'(我)와 '저들'(非我)과의 쟁투로 바라보았던 것이다. 예수도 '옳음'(正義)과 '그름'(不義)과의 싸움이라고 하지 않았던가.

    요즈음 우리 사회에 일어나고 있는 이념의 대결이나 갈등을 두려움을 가지고 과민 반응을 하거나 피하지 말아야 한다. 오히려 이러한 대결과 갈등을 역사발전의 당연한 과정으로 인식하고 적극적으로 그리고 '창조적으로' 응전하여야 한다. 새 생명을 낳기까지는 산모의 기나긴 고통이 있지 않는가. 고통스럽다고 배 안의 새 생명을 포기하지 않는다. 인류 역사는 이러한 고통의 과정이고, 대결의 과정이며, '도전과 응전'의 과정이다. 오늘 우리 사회의 갈등과 대결의 현상도 이러한 역사학의 상식, 상식의 역사학에 기대어 바라보아야할 것이다.

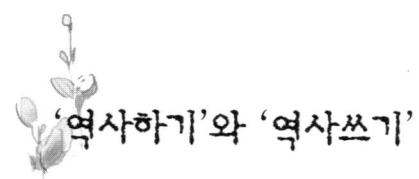
# '역사하기'와 '역사쓰기'

얼마전 '민족문제연구소'와 '친일인명사전편찬위원회'라는 단체에서 〈친일인명사전〉에 올릴 예정인 3090명의 명단을 발표하였다. 익히 예견된 일이기는 하나 이 발표로 우리 사회가 시끄럽다. 해방이 되었으나 일제식민시대에 굴절한 역사를 바로 세우지 못한 까닭에, 늦었지만 이제라도 '과거의 역사를 정리'하려는 이들의 의분과 열정의 소산이라고 생각된다. 우리가 역사를 공부하는 것은 '어제'의 '잘함'과 '못함'을 밝혀 '이제'와 '올제(내일)'의 삶을 올곧게 그리고 건강하게 하기 위함이기 때문이다.

현실이니 처세라는 이름을 내세워 시세에 따라 교묘하게 옷을 갈아입고 힘센 자에게 아부하고 아첨하여 자기의 자리를 보전하고 이익을 챙기는 재주꾼과 패배기들이 판을 치는 오늘의 우리 사회의 앞날을 위해서 우리 공동체는 어제의 그릇됨을 반성하고 또 질타를 해야 한다. "과거를 잊어버리는 자는 그것을 또 다시 반복하게 되는 것"이라고 말한 철학자 조지 산타야나를 언급할 필요도 없이 우리의 '어제', 그 빛과 그림자를 우리는 끊임없이 밝히고 기록하고 또한 기억해야 한다.

그럼에도 불구하고 이번 '발표'는 역사학자들이라는 이들의 '운동모습'을 보는 것 같아 우울하고 염려스럽다. 역사학이라는 학문의 마당은 어제의 역사를, 어제의 사람들을 '재판'하는 '재판정'이 아니기 때문이다. 오늘의 시각으로 어제의 사람들을 사회에 '죄인'으로 고발하는 것은 역사학자의 몫이 아니다. 역사학자는 어제의 사람들의 행적을 뒤져 왜 그들이 그러한 삶을 꾸리게 되었는지 분석하고 설명하는 학인(學人)이다. 자료의 분석과 설명 그리고 해석의 '역사쓰기'가 역사학자의 기본임무이다. '역사쓰기'를 통해 어제의 사람들의 삶을 재구성하는 것이 역사학이다.

이 과정에서 역사학자라는 이들은 어제의 사람들을 단죄하고 싶은 유혹을 받을 수 있고 또한 그러한 권리를 가진 것처럼 뻐기려는 욕망에 사로잡힐 수도 있다. 그러나 참 역사학자는 그 유혹과 욕망을 뿌리치고, 다시 말해서 '역사하기'의 만용을 자제하고 억제하며 '역사쓰기'에 사로잡혀 이를 즐기는 이들이다. 흔히들 말하는 것이지만, 역사학자는 '역사하기'로 자기 생각을 드러내기 보다는 '역사쓰기'로 자기의 말을 한다. 어제의 역사나 어제의 사람들에 대한 평가나 재판은 역사학자들의 권리가 아니라 역사학자들의 글을 읽는 우리 공동체 구성원들의 몫이다.

이번 발표는 어제의 사람들에 대한 깊고 넓은 '역사쓰기'의 산물이 아니다. '발표주역들'의 열정과 순수성과는 관계없이 그들의 발표는 어제의 사람들에 대한 문서발굴의 단계에서 나온 소산이지 한사람 한사람에 대한 넓고 깊은 역사학적 역사천착의 결산이 아니다. 자료발굴 과정에서 어제의 사람들에 대한 단죄의 유혹이나 재판의 욕망을 뿌리치지 못한 까닭이다. 그래서 이 발표는 '역사하기'를 즐기는 이들의 '의도'를 의심받는 것이다.

우리는 우리 공동체의 올곧고 건강한 '올제'를 위해 우리의 '뒤틀린 어제'의 역사를 끊임없이 바로잡으며 삶을 꾸려야 한다. 그래서 역사학자는 냄새나는 옛 문서들을 뒤적이며 오늘의 삶을 즐겁게 꾸리고 있다. 그는 어제의 역사, 어제의 사람들에 대한 단죄의 유혹이나 욕망을 짓누르고 왜 우리의 역사는 이렇게 뒤

틀리고, 왜 우리의 어제의 사람들이 이렇게 또는 저렇게 살았는지 번민하면서 설명하고 해석하는 일에 몰두한다. '역사하기'의 유혹과 욕망을 뿌리치며 '역사쓰기'를 하고 있다. 우리 역사학의 올제를 위해, 그리고 우리 공동체의 올제를 위해!

# 새 술은 새 부대에 담자
– 지금의 갈등, 혼란, 혼동은 역사가 진보하는 과정에서
   나타나는 당연한 현상

 

사회학자나 역사학자들이 흔히 말하는 것이지만 사회, 역사 변동기에는 흔히 가치혼란을 겪는다. 옛 사회질서에서 통합기능을 해 오던 가치나 제도라는 것들이 새 사회에 걸맞기 전에 새로운 가치와 제도가 구축되지 않아 정신적으로 방황하거나, 또는 어떤 사건을 어느 기준으로 보아야 할지 몰라 혼란에 빠지기 때문이다.

이를테면 농경사회에서 통합기능을 해 오던 유교의 가치와 가르침들이 산업사회로 들어서면서 통제의 기능을 상실하게 된다. 새로 들어서는 사회를 밑에서 떠받치는 새로운 가치나 제도가 뚜렷이 나타나지 않아 갈팡질팡하던 사회현상이 그 좋은 예다.

이러한 역사변동기에는 어떤 가치를 가지고, 어떤 기준으로 사회현상을 읽어야 할지 몰라 혼동과 무질서에 빠진다. 이런 역사단계에 들어서면 사람들은 진취적이거나 전향적인 몸가짐으로 새 시대에 걸맞는 새로운 가치를 찾으러 나서기보다, 익숙한 옛 가치에 매달려 '안정'과 '질서'를 부르짖는다. 보수와 진보, 수구와 개혁의 대결이니 갈등이라는 말도 이때에 나타난다.

그리고 기득권을 가진 보수 쪽에서 흔들리는 자기 자리를 지키기 위해 안간힘을 다 쓴다. 이들은 질서와 안정이라는 깃대를 높이 쳐들고 대중의 '질서그리움증'을 교활하게 선동하여 옛 질서를 복원하고자 발버둥 친다. 이러한 역사현상은 인류역사에 한 번 나타난 것이 아니다. 인류 역사의 굽이굽이마다 나타났다.

요즘 우리나라가 시끄럽다. '국가보안법' 문제로 시끄럽고 '신행정수도' 문제로 갈등하고 있다. '친일청산'으로 시끄럽고 '과거사 정리' 문제로 갈등한다. 어디를 가나 '개혁'이니 '수구'니, '진보'니 '보수'니 하며 편이 갈려 서로 목청 높이며 삿대질 한다. 광화문 거리와 시청 앞 광장이 둘로 나뉘어 있고 '집안'도 갈려 있다.

교회도 시끄럽다. 교회 안팎에서도 국보법, 신행정수도, 친일청산이나 과거사 정리와 같은 문제로 의견이 분분하다. 이 '갈등'의 한 가운데 한국교회가 서 있다. 이 땅의 많은 그리스도인들이 염려하는 것과 같이 정말 이러다 교회도 망하고 이 나라도 망하는 것 아닌가 우려가 될 정도다.

우리가 어떤 자리에서 어떤 생각을 가지고 있든, 한 가지 부인할 수 없는 것은 우리는 역사의 격변기에 살고 있다는 사실이다. 이 중요한 시기에 역사의 주체로서, 역사변동이나 사회질서 재편성 현상을 어떻게 보고 어떤 삶을 꾸려야 하는가. 역사학적 상식에서, 또는 상식의 역사학에 기대어 우리사회의 갈등 현상을 읽어야 한다.

토인비는 역사를 '도전'과 '응전'의 마당으로 보았고 헤겔은 '이데아'의 '정반합'의 과정으로, 마르크스는 계급 사이의 갈등의 마당으로, 신채호는 '우리'(我)와 '저들'(非我)의 쟁투로 인식했다. 예수님도 역사를 정의와 불의, 악과 선의 대결의 과정으로 가르쳤다. 그렇다. 요즈음 우리가 겪는 갈등, 혼란, 혼동도 역사가 진보하는 과정에서 당연히 나타나는 현상으로 읽어야 한다. 이 갈등의 과정에서 우리는 옛 생각에 묶인 닫힌 마음이 아니라 열린 마음가짐을 가져야 한다. 이것이 긴 인류 역사가 우리에게 일러 주는 가르침이다. 성경도 새 술은 새 부대에 담아야 하고, 새 부대에는 새 술을 담는 것이 옳다고 하지 않았는가.

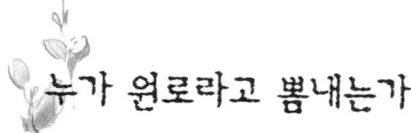

# 누가 원로라고 뽐내는가
- 누구에게도 이 봉건의 딱지를 붙여주지 말자

몇 달 전 김수환 추기경이 우리 사회가 돌아가는 모양에 대해 한마디 해서, 그리고 노무현 대통령에게 '쓴 소리' 해서 나라가 시끄러운 적이 있다. 요즘은 '신행정수도이전' 문제에 대해서 133명에 달하는 우리 사회의 이른바 '원로'라는 분들이 성명을 발표하여 소란한 나라를 더욱 소란케 하고 있다.

이들이 신행정수도이전에 대하여 찬성하든 반대하든 우리 공동체의 구성원이기에 한마디 할 수 있는 권리가 있다고 본다. 다만 원로들이란 사람들이 자신을 우리사회의 '원로'라고 지칭하거나 언론에서 원로들이라고 치켜세우는 행태를 못마땅하게 여긴다. 이른바 원로라는 이들은 도대체 누구인가. 누가 그들에게 원로라는 딱지를 붙여주었는가. 어떤 법으로 이들이 원로라는 자리에 오르게 되었는가. 도대체 원로라는 말 자체가 역겹다.

　메이지 일본에서 이토 히로부미나 야마가타 아리도모와 같이 법 위에, 정부기구 위에 군림하는 '겐로'[元老]와 같은 뜻의 원로라면 역겨움은 그 도를 더해 간다. 우리가 한 사회에 살고 있고 발전하는 사회를 추구하고 있는데 누가 원로라는 봉건적 딱지를 아직도 즐기고 있는가. 제발 원로라는 말을 쓰지 말자. 봉건적인 말이고 일본 냄새가 풍긴다.

　우리를 더욱 노엽게 하는 것은 이른바 이 원로들이 우리 법 위에, 우리 정부의 기구 위에 그리고 우리 사회 위에 군림하는 듯이 행동한다는 사실이다. 이들의 성명내용을 읽노라면 이 원로들의 봉건적이고 고압적이며 협박적인 의식이 그대로 나타나 있다. 이를테면, "헌법소원은 합헌성을 따지는 것이므로 헌재결정에만 의존하지 않고 국민적 합의를 이끌어내는 방법"을 생각한다는 대목에서 법 위에 군림하고 있는 이들의 의식을 엿볼 수 있다. 또는 "정부가 다시 적절한 응답을 하지 않고 감정적으로 대응한다면 뜻을 같이 하는 사람들을 모아 '수도이전졸속추진반대 국민운동본부'를 결성해 조직적으로 저항"할 것이라고 협박하고 있다. 얼굴 두껍게도 자신들을 원로라고 치켜세우며 자기들의 진심어린 충고를 받아들이라고 으시대고 있는 것이다.

우리는 다시 묻는다. 이 위압적이고 봉건적이며, 초법적이고 초국민적인 원로들은 누구인가. 누가 그들을 원로라고 부르는가. 누가 그들에게 원로라는 딱지를 붙여주었는가. 시민단체의 대표면 그 이름으로, 종교공동체의 지도자라면 그 이름으로, 그리고 교수라면 그 이름으로 자기들의 견해를 밝히면 된다. 일본 냄새나는 봉건적인 딱지를 붙여 자기들의 주장을 따르지 않으면 '국민운동본부'를 만들어 저항할 것이라는 사회협박을 하는 것은 옳은 말도 아니고 바람직한 민주시민의 태도도 아니다.

시민으로서 말할 것이 있으면 하라. 종교 지도자로서, 시민단체 대표로서, 개인으로든 집단적으로든 할 말이 있으면 당연히 하면 된다. 교수로서 사업가로서 언제 어디에서든지 할 말이 있으면 하라. 그래야만 건강한 시민사회가 만들어진다. 그러나 건강한 시민사회를 만들어가기 위해서는 우리 모두가 이 사회에 걸맞는 의식과 양식을 가져야 한다. 한 시민으로서도 그러하지만 특히 이 사회 각 분야에서 '큰 일'을 해와 존경을 받는 이들은 더더욱 그러해야 한다. 어떤 일을 좀 했다고 하여 정부기구 위에, 법 위에, 그리고 이 사회 위에 군림하고 있다는 의식과 자기들이 누구보다도 올바른 생각을 지니고 있다는 생각을 버려야 한다.

이제 밝고 건강한 우리의 시민사회의 올바른 명제를 위해 원로라는 '봉건의 감옥'을 스스로 나와야 한다. 누구에게도 이러한 '봉건의 딱지'를 붙여주지 말자.

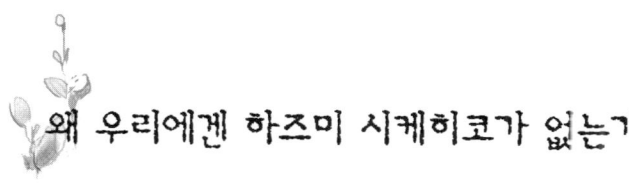
# 왜 우리에겐 하즈미 시게히코가 없는가

작년 말이래 일본에서는 잇달아 터지는 재정, 금융 스캔들로 야단 법석이다. 고위 공직자들이 재정, 금융 분야 기업들로부터 뇌물과 향응을 받고 특혜를 준 사건들이 밝혀져 관련 고위 공직자들과 기업인들이 구속되고, 또 이를 계기로 부정부패방지를 위한 법을 제정한다고 일본 신문들은 보도하고 있다.

이런 일본 신문에 갑자기 동경대학 총장 하즈미 시게히코가 등장하였다. 하즈미 총장은 지난달 졸업식(3월27일)에서 비리에 연루된 이들이 거의 동경대 출신이라며 그들의 "파렴치한 행동"은 이 대학의 오랜 권력 지향적 풍토와 무관치 않다고 진단, 모든 동경대 출신들의 반성을 호소한 후 총장 스스로 공개적으로 참회하고 나섰던 것이다. '메이지 유신'이후 동경제국대학으로 문을 연 이래 오늘에 이르기까지 동경대학출신들은 국가고시를 통해 관계, 법조계, 정계로 진출하였다. 이것이 이 대학의 전통이 되었다.

올해 국가고시를 치르고 '관리간부후보생'으로 임명된 2백7명 가운데 반수가 조금 넘는 1백 4명이 동경대 출신이다. 그러나 이들은 관리가 되어 해를 거듭할수록 다른 대학 출신들을 제치고 대장성을 비롯, 정부의 요직을 독점해왔다. 행정부뿐만 아니라 법조계, 정계, 학계도 동경대 출신이 지배하고 있다. 일본을 연구하는 이들은 이들의 우수성보다는 오래도록 일본 관료 집단, 법조계, 학계 등 모든 분야에 형성된 이른바 토오다이(東大) 커넥션 때문이라고 지적하고 있다. 일본 연구가들 사이에는 이 현상을 '토오다이 독재'라고 말하는 이도 있다. 바로 이들의 오만과 독재가 일본사회를 경직화시켰고, 그래서 이른바 '일본적 모델'의 한계를 설명할 때, 바로 이 '토오다이 독재'를 빼놓을 수 없다고 일본연구가들은 주장하기도 한다.

일본 최고의 지성, 동경대학 총장의 공개적 참회는 우리에게 충격이 아닐 수 없다. 모두가 집단이기주의에 푹 빠져, 자기집단 변호에 급급한 우리 사회를 볼 때 더욱 그러하다. 수많은 졸업생

가운데 극히 일부가 부정부패에 연루된 것을 두고 왜 그리 말이 많은가 하고 항변할 수도 있고 또는 얼마나 많은 졸업생들이 경제대국, 오늘의 일본을 만드는데 기여했는가 하는 그 통계를 들이 밀수도 있었을 것이다. 그러나 하즈미 총장은 그러지 않았다. 이런 지성이 동경대 총장으로 있으니 오늘의 일본이 있고, 또 오늘의 일본은 이러한 지성을 가지고 있다는 사실이 우리로서는 부럽기만 하다.

우리의 최고 대학이라는 데서 교수자리를 시장 바닥의 물건처럼 사고 팔며 사건을 담합한 사건들이 줄을 잇고 보도되는데도 지나가는 말로 "송구스럽다"는 것뿐이다. 역사와 국민 앞에, 그 대학 총장으로 권력 지향적, 출세 지향적 교육 풍토를 내어놓고, 지성이 아니라 지식과 정보만 가르친 '죄'를 내어놓고 왜 참회치 못하는가. 그 대학 출신들의 부패, 부정, 비리도 우리를 분노하게 하지만, 이보다 이들을 가르친 그 대학의 총장, 그 대학 교수의 참회가 없다는 것이 우리를 더욱 분노케 한다.

우리의 교계 지도자들은 어떤가. 교회의 장로, 집사들이 공직자로서, 판사, 변호사, 검사로서, 정치인으로서, 사업가로서, 교수로서, 부정, 부패, 비리에 연루되어 감옥으로 가고 있는데도 하나님 앞에, 우리 역사 앞에 회개하는 교회 지도자들은 볼 수가 없다. 왜 우리에겐 하즈미 시케히코가 없는가.

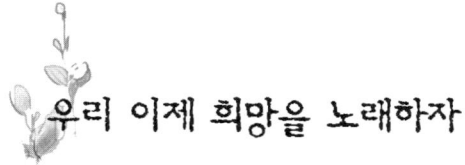
# 우리 이제 희망을 노래하자

우리는 이른 바 "IMF한파"를 맞아 떨고 있다. 달러 값이 무섭게 치솟고 물가가 그칠 줄 모르고 오르고 있다. 수천 개의 기업이 매달 도산하고 있고 수천 명이 매일 일자리를 잃어가고 있다.

올해에 백만 명 이상이 실업자가 될 것이라는 언론의 처참한 보도가 있다.

기업하는 이들은 고임금의 노동자를 탓하고 노동자들은 문어발식 기업확장을 하며 황제처럼 행세하는 재벌총수들을 욕한다. 국민은 경제를 이 꼴로 몰고 온 정부를 비판하고 정부는 과소비 풍조에 푹 빠져온 국민을 탓한다. 우리는 IMF한파를 겪으며 네 탓이라며 울분해하고 좌절하고 있다. 누구에게도 "나 때문이다"라는 마음을 읽을 수가 없다.

대학에 몸담고 있으면서 사회의 존경을 받고 있는 대학교수라는 지식계급을 한번 보자.

지난 수십 년 동안 이른바 "거품경제"의 혜택을 온몸으로 받으며 나라 안팎에서 거드름을 피어온 장본인들이 바로 이들이다. 그들의 대학이 거품경제의 함정에 빠져 문어발식 확장을 하고 있을 때, 이들은 거품경제의 호황이라는 술에 취해 국제학술대회니 교환교수니 하며 숱한 외국여행을 하였다. 외국에 나가 골프치며 쇼핑으로 소일한 이들이 얼마나 선진 학문을 배워왔고 얼마나 많은 논문을 발표하였는가. 오늘 우리가 겪고 있는 IMF 한파는 이들이 벌여 온 거품학문활동과도 이어져 있고 이들이 몸담고 있는 우리 대학의 허세의 현주소와도 무관치 않다.

문제는 이 지식계급들이 IMF사태와 무관한 듯, 누구의 탓이고 누구의 잘못이니 이렇게 또는 저렇게 해야 한다고 날마다 신문, 방송을 통해 거드름을 피우고 있다는 사실이다. 바로 이들이, 또한 이들이 몸담고 있는 대학이 개혁의 대상인데도 남들만을 개혁해야 한다고 목청을 돋구고 있는 것이다. 자기들의 자리와 밥그릇을 셈하는 소승적 지식계급들이 벌리는 "남탓타령"은 우리의 IMF 한파 극복노력에 아무런 도움이 못된다.

지난해 봄 미국의 노스다코아 주와 미네소타 주 사이를 흐르는 강이 범람하여 이 강을 사이에 두고 있는 두 도시가 물에 잠긴 적이 있다. 시장의 공관도 청소부의 단칸방도, 병원도, 주유소도, 학교도 교회도 모두 물에 잠기었다. 다섯 아이를 키우며 열심히 일해 번 돈으로 열흘전 문을 열었다는 홀어머니의 햄버거 가게도 있었다. 모두가 허탈해 하며 눈물을 흘릴 수밖에 없었다.

그러나 이 두 도시의 사람들은 좌절하지 않았고 서로 상대를 탓하지도 않았다. 부자도 가난한 사람도 힘 있는 자나 힘 없는 자나, 나이 많은 이들이나 젊은이들이나 서로 원망하지 않고 함께 모래주머니를 만들어 무너진 강둑을 쌓아 올리며 물에 잠긴 그들의 도시를 재건하였다.

어릴 때부터 익혀온 그들의 "더불어 사는 거인주의"가 나타난 것인가, 새 예루살렘으로 끝없이 향하는 그들의 기독교 정신의 발로인가, 그들은 대홍수라는 시련을 맞아 서로의 소중함과 삶의 터의 귀중함을 더욱 깨닫게 되었다. 그들은 이 시련을 더 나은 삶, 더 나은 삶의 터를 만들어 가는 계기로 삼은 것이다. 이내 그들의 도시는 새로운 모습으로 재건되었고 미국에서 살기 좋은 곳, 살고 싶은 도시로 올라섰던 것이다.

역사학자 아놀드 토인비는 인류문명사를 논의한 그의 대작, 『역사의 연구』에서 도전을 무서워하는 개인, 도전을 피하는 민족은 소멸해 가지만, 지속되는 도전에 맞서 창조적으로 극복하려는 개인이나 민족은 더 높은 수준의 문명을 향유하게 된다고 말하였다.

IMF한파를 맞아 우리 모두 하나님 앞에 무릎 꿇고 나의 허세, 나의 오만, 나의 거드름, 나의 거품을 내어 놓자. 하나님 앞에 나가, 나와 나의 가족의 행복만을 추구해온 우리의 이기적 집단주의나 집단적 이기주의를 내어놓고 밤새도록 회개의 눈물을 흘리자. 아침이 되면 동녘하늘에 붉게 타오르는 태양을 맞을 것이다. 우리 이제 희망을 노래하자.

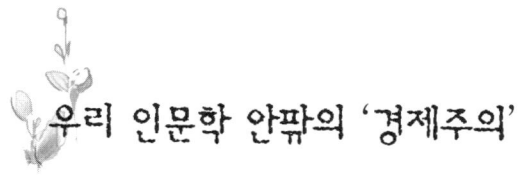# 우리 인문학 안팎의 '경제주의'

큰일이다. 정말 큰일이다.

신자유주의와 세계화의 거센 물결 앞에서 생존을 위해서라며 우리 사회가 온통 '변해야 산다'며 야단법석이다. 정부와 기업이 이 변화를 주도하고 있고 언론이 부추기는 형국이다. 그래서 대학도 덩달아 이 변화의 물결 따라 춤을 추고 있다.

우리 사회에 빗발치는 이 변화의 지향점은 모두가 생산과 이윤의 극대화이고, 이를 위한 능률과 효율을 계산하여 변화를 꾀한다. 이 밑바닥에는 인간의 탐욕이 깔려 있다. 인간의 모든 삶을 이처럼 '경제주의'의 잣대로 바라보고, 인간의 삶을 이 '경제주의'에 가두고자 한다. 우리가 말하는 풍요로운 삶도 부, 권력 그리고 명예와 이어져 있다.

우리의 대학도 이러한 경제주의에 함몰되어 있다. 총장이라는 자리도 돈을 끌어오는 자리가 되었으며, 논문의 내용이나 질 보다는 그 수의 많고 적음으로 교수를 등급매기고 있다. 이 경제주의에 매몰된 대학에서는 일자리 찾기에 수월한 분야가 인기를 얻고 그렇지 못한 인문학을 비롯한 기초학문 분야의 강좌는 폐강되기도 한다.

이렇다보니 인문학을 하는 이들이 곤혹스러운 처지가 되었다. 어떤 대학에서는 인문학 강좌가 폐강되고 심지어는 통폐합의 고통을 당하고 있다고 한다. 그래서 인문학자들이, 이들을 대표한다는 인문대학 학장들이 집단적으로 '인문학의 위기'를 선언하고 나섰다. 모든 학문(사회과학이나 자연과학)의 '지하수'와 같은 인문학이 고갈되어가고 있다고 하소연한 것일 터이다.

그렇다. 우리 인문학이 처한 환경이 열악하다. 신자유주의와 세계화의 물결에 함몰된 우리 사회가 효율과 효능을 이야기하고, 시장이니 고객이니 하며, 시장에서 고객이 만족할 상품을 만들어야 한다고 한다. 이처럼 인간의 삶을 경제주의로만 이해하는 현실에서 낙담과 좌절을 맛 본 인문학자들의 '집단적 행동'이 나올 수 있었을 것이다. 인문학에 몸담고 있는 우리는 동료들의 분노를 충분히 이해하고 있다.

그러나 정말 큰일이다. 이들이 집단적으로 선언한 그 내용이 비인문학적이어서 큰일이라는 말이다. 이 열악한 인문학 환경에서 그래도 인문정신으로 그리고 자존심으로 견디어온 인문학자들이라면, 우리들의 이야기보다는 우리 공동체의 이제와 내일의 주요 문제들, 이를테면 통일, 평화, 양극화, 교육문제, 환경, 생명, 여성 따위에 대한 인문학자들의 고뇌와 번민을 담았으면 얼마나 좋았을까. 이 선언이 신자유주의와 일방적 세계화의 물결에 함몰되어 경제주의로만 모든 것을 바라보고 있는 우리 사회에서 인간이 궁극적으로 추구해야할 가치에 대한 인문학자들의 깊은 번뇌를 담았으면 얼마나 좋았을까.

그런데 이 '선언'의 내용은 우리 인문학 밖의 경제주의를 고스란히 모방하고 답습한, 그야말로 비인문학적이다. 이 '선언'은 이 시대 인문학 하기가 힘들다며 인문학자가 지켜야할 마지막 자존심을 팽개치고 있다. 에서가 팥죽 한 그릇에 장자의 신분을 판 것처럼 말이다.

이들의 공개선언은 더 넓은, 더 좋은 연구와 교육환경을 위해

권력에 대고 '돈과 자리'를 애걸했다. 인문학자들이 '장자 됨'을 스스로 포기하였다. 스스로 나서서 학문과 학자들을 돈으로 관리하는 학술진흥재단과는 다른 인문학과 인문학자들을 관리하는 권력기관의 설치를 요구하고 돈을 달라고 애걸하였다. 알렉산더 대왕 앞에서 당당했던 가난한 인문학자 디오게네스의 행보는 어디로 갔나.

    우리는 우리 사회가, 우리 대학이 경제주의에 노예 되어 있다면, 앞서 그 '노예 됨'을 일깨우고, 이를 정면에서 돌파하고자 한다. 권력과 부 그리고 허황된 명성에서 독립하고 해방되어 인간의 어제, 이제 그리고 내일을 번민하고 고민하고자 한다. 인문정신으로, 그리고 인문학의 상상력으로!

# 인문학 위기? - 나는 희망을 말한다

요즈음 우리 사회에서 가장 많이 쓰는 말이 아마도 '위기'라는 말일 것이다. '북핵 위기', '경제 위기', '한미동맹의 위기', '교육의 위기', '대학의 위기', '기초학문의 위기' 그리고 최근에는 '인문학의 위기'를 우리는 이야기한다.

그런데 다른 위기는 몰라도 마지막의 것, '인문학의 위기'라는 말은 쉽게 인정할 수가 없다. 전국의 인문대학 학장들이 전국 각 대학 안팎의 인문학자들과 아무런 논의도 없이 그들끼리 담합하여 인문학의 위기를 '선언'하였다고 해서가 아니다. 권력과 짝하여 이른바 '인문주간'을 만들고 그 '이벤트'에 인문학자들이 동원되어 들러리 섰다고 해서가 아니다. 물론 이러한 행태도 비 인문학스러운 것이지만, 무엇보다도 우리를 참담하게 느끼게 하는 것은 그 위기선언에 담긴 비 인문학적 내용 때문이다.

간단히 말하면 그들의 선언 내용은 이렇다. 요즘 같은 세상에서는 인문학 하기가 힘들다. 사회가 실용, 경쟁 그리고 효율을 이야기 하고, 대학도 덩달아 일자리 찾기 수월한 분야를 강조하게 되었다. 학생들도 일자리 찾기에 도움이 되는 과목에 몰려 인문학 강좌가 폐강되기도 하고 심지어 어떤 대학에서는 인문학과가 없어지게 되었다. 그러니 모든 학문의 '지하수'와 같은 인문학을 정부가 나서 살려달라는 것이다.

같은 인문학에 몸담고 있는 우리로서는 이들의 집단적 행보를 이해할 수 있다. 신자유주의와 일방적 세계화의 물결을 헤쳐 나가기 위해 경제주의의 잣대로 경쟁과 효율만을 내 세우는 우리 사회와 대학에서 무시만 당해온 우리 인문학자들의 그 마음 왜 우리가 모르겠는가.

그렇다고 하더라도 인문학자는 인문학자다워야 한다. 아무리 연구비나 지원비가 부족하다 하더라도 권력에 기대어 권력이 베푸는 시혜로 위기를 돌파하려는 비 인문학적 행보로는 인문학의 위기를, 아니 인문학자들의 위기를 돌파할 수가 없다. 오히려 인문학을 권력과 권력이 베푸는 물질에 기대게 해 인문학의, 인문학자의 타락을 낳게 되기 때문이다. 그래서 우리는 사회를 향한, 권력을 향한 그들의 집단적 구걸행각을 비판한 것이다.

우리는 이들의 집단적 구걸행각에서 인문학의, 인문학자들의 희망을 읽을 수 없다. 우리는 '인문주간'이라며 호들갑 떠는 '이벤트'나 이에 동원된 인문대학장들과 인문학자들에게서 인문학이나 인문학자들의 희망을 찾지 못한다. 우리는 오히려 우리 대학 안팎에서 인문학이 좋아, 아니 인문학에 미쳐 가난하나 자긍심을 가지고 인문학을 하고 있는 그야말로 인문학자스런 인문학자들에게서 희망을 읽는다.

우리대학만 봐도 그렇다. 한평생 기독교사 연구에 삶을 걸었던 김양선, 삶에 대한 생각을 대중과 한평생 소통하였던 안병욱, 고독하게 커피 마시며 삶과 죽음을 읊은 김현승과 같은 인문학자의 발길 따라 오늘도 우리대학 안팎에서는 묵묵히 인문학이 좋아 인문학에 미친 이들이 인문학을 하고 있다.

인문학의 위기를 돌파하기 위해 학제간 연구와 교육을 모색해 온 '기독교학'도 있다. 우리의 연극과 여성 문제를 가지고 국제학계와 끊임없이 소통하고 있는 심정순교수도 있으며, 우리 전통

문화와 내일의 삶을 이어보려는 조규익 교수도 있다. 예술철학을 현장에 접목시킨 김광명 교수도 있고, 한나 아렌트에 미쳐 이 분야의 세계적 권위자가 된 김선욱 교수도 있으며, 평생교육학과를 국내외의 '메카'로 만들려고 피눈물을 흘리는 최은수 교수가 있는가 하면, 강의실 안팎에서 학생들과 함께 꿈꾸고 딩구는 김회권 교수와 이재룡 교수도 있다. 아, 지면이 왜 이리도 짧은가. 여하튼 이들에게서 우리는 우리 인문학의 희망을 읽는다.

# '국제화' 유감

요즘 우리사회에서는 교육, 특히 대학교육이 위기라며 신문과 방송에서 연일 야단이다. 한국인 네 사람 가운데 하나는 자녀교육을 위해 이민을 가고 싶다는 조사가 말해 주듯이 우리사회는 우리 교육에 대한 깊은 불신을 가지고 있다. 교육을 담당하고 있는 여러 주체들은 서로를 향해 손가락질하면서 책임을 남에게 떠넘기고 있다. 이러한 행태는 위기를 극복하기 보다는 위기를 더욱 부추길 따름이다.

우리교육의 위기, 우리대학의 위기를 돌파하려는 여러 노력 가운데 교육을 담당하는 여러 주체들이 서로 갈등을 하면서도 모두가 동의하는 '담론'이 있다. 그것은 우리교육이, 우리대학이 '국제화'하여야 한다는 것과 '특성화'하여야 한다는 것이다. 그래서 각 대학마다 국제화 깃대를 높이 치켜들고 여러 프로그램을 경쟁적으로 만들고 있다.

　우리가 염려하는 것은 국제화라는 그 말이 아니라 그 내용이다. 우리의 국제화는 이른바 '선진'이라는 그 한 곳을 향한 '일방의 국제화'이지, 교류나 교환의 두 주체 사이의 의미 있는 국제화, 이를테면 '쌍방의 국제화'가 아니다. 영어 몇 마디하고, '앞섰다는 나라'에 얼마 동안 살아보았다고 '국제화된 인재'가 되는 것은 아니다. 이러한 '일방의 국제화'는 오히려 식민의식 또는 열등감을 갖게 하는, 국제화라는 이름으로 펼쳐지는 몰지각한 교육이지 참된 국제화 교육이 아니다.

　바람직한 국제화는 주체의식을 가지고 추진되는 '쌍방의 국제화'다. 우리 학생들을 다른 나라에 보내는 것만이 능사가 아니다. 그들이 우리의 역사나 문화에 대한 깊은 소양을 가지고 가, 그곳 언어, 문화 그리고 풍습을 배우는 한편, 그곳에 있는 이들에게 그들이 가지고 있지 않은 우리의 문화와 역사 따위를 나누게 해야 한다. 그렇기 때문에 이른바 교환학생 선발에는 단순히 성적과 영어구사 능력에 더하여 우리의 역사나 문화를 얼마나 알고 이를 설명할 수 있는가도 살펴 선발하여야 한다.

바람직한 국제화는 우리 학생들을 다른 나라에 보내는 것으로 끝나지 않는다. 다른 나라 학생들을 이곳으로 오게 하여 이곳에서 우리 학생들과 더불어 공부하고 생활하게 하여 서로를 국제화시키는 마당과 프로그램을 펼쳐야 한다. 다른 나라 학생들이 이곳으로 찾아오는 이유는 다양할 것이다. 우리보다 '뒤에 있는 나라' 학생들은 우리의 정보통신기술을 배우려고 오기도 하고, 우리보다 '앞섰다는 나라' 학생들은 우리나라 또는 아시아의 역사나 문화 그리고 언어를 배우려고 이곳을 찾을 것이다. 또는 우리 기독교의 놀라운 성장 따위에 놀라는 세계의 기독학생들은 우리의 기독교를 알기 위해 이곳에 올 것이다.

문제는 이곳을 찾는 다른 나라 학생들이 필요로 하는 프로그램을 우리가 가지고 있는가 하는 것이다. 국제통용어로 그들에게 우리나라와 아시아의 언어, 문화 그리고 역사를 가르칠 준비가 되어있는가. 그들에게 우리의 기독교를 소개할 프로그램이 있는가. 그들이 이곳에 와 우리 학생들과 더불어 공부하고 생활할 마당(기숙사 따위)이 있는가. 더욱이 다른 대학이 아니고 왜 우리 대학으로 와야 하는가. 어떤 나라, 어떤 학생들이 우리 대학을 찾을 것인가. 우리는 이러한 질문을 던지며 우리의 국제화 프로그램의 철학과 현실을 생각할 때다. 우리 학생들을 밖으로 보내는 것과 함께 다른 나라 학생들을 이곳으로 유인하는 국제화 프로그램은 경제적 이유에서도, 밖으로 내 보내는 우리 학생들의 수를 늘리기 위해서도 그래야 한다. 우리 대학 총장께서 '국제관' 건축을 서두르신다는 소식이다. '쌍방의 국제화'를 기대해 본다.

# 우리가 본 인도, 인도를 통해본 우리

　우리의 근·현대의 역사는 대립과 갈등의 역사다. 이 시대를 살아야했던 이들은 외세와 대립하고 그리고 우리끼리 갈등해 왔다. 그래서 이 대립과 갈등의 질곡을 지나온 이들이 당연히 지니고 있을 '한'이 이 시대의 역사를 연구하는 이들의 마음에 깊이 자리하고 있다. 그래서 해방된 후 우리의 근·현대사 연구가 본격화될 때 '식민사학 극복'이라는 기치를 높이 쳐든 '정의의 사도들'이 나타나 '우리'(我)와 '그들'(非我)을 구분하고, 친일과 반일, 순응과 저항, 식민근대화론과 내재적 발전론이라는 '우리 편'과 '그들 편' 사이에 굵은 줄을 그어대고 '재판의 한 마당'을 펼쳤다.

　이들의 후예들은 군사독재시대를 지나면서 민주와 반민주, 통일과 반통일, 개혁과 반개혁이라는 잣대를 우리 역사와 우리 사회에 들이대었다. 이들은 '새로운 사회'를 갈망하고 모색하는 작업이 그들만의 사명인 듯이 때로는 이념의 '거룩한 사도'로서, 때로는 앞을 꿰뚫는 예언자로서, 때로는 신념에 가득 찬 혁명가로서 우리 역사를 읽어왔다. 다양하고 복잡한 삶의 마당이었을 우리의 근·현대의 역사를 둘로 나누어 한 쪽은 선이고 다른 한 쪽은 악으로 인식하는 학문풍토를 만든 셈이다.

그런데 이들에 대항하려는 듯 또 다른 '선 긋기의 학문하기'가 나타났다. 해방이후 나타난 '정의 사도들'이나 군사독재시대 이른바 비분강개의 시대에 나타난 '혁명의 사도들'처럼 이들도 그들이 비판하는 '해방전후사의 인식' 그룹이 그어 놓은 선 다른 한 쪽에서 '정의 사도들'인 양 또는 '혁명의 사도들'인 양 복잡하고 다양한 우리의 근·현대사를 읽으려 하고 있다. 아무리 학문이 변증적으로 발전한다고 하지만 이들 또한 '우리 편'과 '그들 편'이라는 편 가르기나 이념의 다른 한 쪽에서 다양하고 복잡한 우리의 역사현상을 읽으려 하고 있다.

이러한 때에 우리는 양 쪽에서 벌이는 '이분법적 우리역사읽기'를 넘어서 복잡하고 다양했을 우리의 근·현대사를 인식하려는 새롭고 소망스런 시도가 등장하였다. 우리의 학인들이 미국을 비롯한 서양나라나 일본에 줄지어 유학 갈 때, 반대로 좁다란 우물에 갇혀 우리 것 우리가 제일 잘 안다는 학문적 국수주의에 파묻혀 있을 때, 홀연히 인도로 가 공부한 역사학자 이옥순이 이 작은 물결 그 한 가운데 있다. 그는 『여성적인 동양이 남성적인 서양을 만났을 때』, 『우리안의 오리엔탈리즘』과 같은 저술을 통해 이미 역사연구에서 '제국주의/민족주의' 패러다임과 사이드의 오리엔탈리즘의 유용성을 보고, 그리고/그러나 이를 넘어서려는 '새로운 역사읽기'를 보여주었다.

이번에 그가 펴낸 『식민지 조선의 절망과 희망, 인도』는 그가 끈질기게 추구하고 있는 새로운 역사읽기를 더 발전시키고 더 구체화하는 작업의 산물이다. 일제 식민지시더 우리 지식인들의 인도인식을 그 시대의 신문과 잡지에 나타난 수많은 인도에 대한 기사, 논설 그리고 기획 기사를 통해 담아내고, 당시 우리에게 인도는 어떻게 각인되었고 또 왜 그렇게 되었는가 라고 묻고 있다. 우리와 같은 처지의 인도를 바라다보는 당시의 '우리 마음'에는 동경, 연민, 동질성과 연대의식과 함께 문명화 되지 못한 서구가 만든 그 '타자'를 바라다보는 측은함과 내려다봄이 담겨져 있음을 실증적으로 밝히고 있다. 그리고 이옥순은 바로 이 이중성과 모순성을 읽어낸 후 감히 이를 해석하고 설명하고 있다. 우리가 처한 상황에서 탈출하고자 하는 마음과 서구의 타자인식이 고스란히 우리에게 있었다고 말한다.

　이옥순은 이 책을 통해 서구의 오리엔탈리즘만을 본 사이드에게 같은 처지에 있었던 동양 사람들에게도 그 서구가 만들어준 오리엔탈리즘을 가지고 있었다는 것을 일러주고, 그리고 실증사학에 깊이 잠든 우리 역사학계를 조심스레 일깨우고 있다.

# 둘째 마당
## 문화이야기

문화이야기 | 우리의 장이 천대문화, 이대로 좋은가? | 어느 유학생부인의 이야기 | 미국의 인종 문제 | 중국 김치파동 | 우리는 왜 미국에서 조차 코리언이어야 하는가?

# 문화이야기

　나는 지난달 내가 가르치고 있는 오클라호마 주립대학교 국제학생회에서 주최한 "문화의 밤"(Cultural Night)에 가본 적이 있다. 이 대학에 다니고 있는 외국 학생들이 자기 나라의 문화를 소개하는 자리였다. 무료도 아니고 5불씩 하는 표를 사야 들어갈 수 있는 이 자리에 한 차례도 아니고 두 차례에 걸쳐서 천여석이 넘는 자리가 차고 넘치었으니 말 그대로 대 성황이었다. 나는 이 행사에서 충격, 말 그대로 큰 충격을 받았다.

　그로부터 한 달이 지난 지금까지도 그 "충격"에서 헤어나지 못하고 내가 그토록 좋아하는 계절, 봄을 맞지 못하고 있다. 분명 아름다운 이 대학 캠퍼스 이곳저곳에 싱그런 봄이 찾아오고 있는데, 나는 그때의 충격으로 이 봄을 앞서 맞지 못하고 아직도 겨울 옷을 입고 있는 것이다. 내게 다가오고 있는 오클라호마운 봄내음을 내 몸속에 스며들게 하기 위해서 겨울옷처럼 내 몸뚱아리를 숨 막히도록 뒤덮고 있는 그때의 충격을 떨쳐버려야 할 것 같다.

문화란 무엇인가? 서양문화란 무엇이고, 동양문화란 무엇인가? 라틴 뮤직은 무엇이고 샹송은 무엇이며 클래식 음악은 무엇이고 팝뮤직은 무엇인가? 그래! 문화는 무엇인가?

우리는 어떤 문화가, 어떤 음악이 좋다, 싫다 말할 수 있다. 그러나 어떤 문화가, 어떤 음악이 더 우월하다, 열등하다 말하지 않는다. 클래식 음악을 좋아하는 이가 팝뮤직을 싫어할 수 있지만, 서양문화를 좋아하는 이가 동양문화를 싫어할 수 있지만, 팝뮤직이 클래식보다 저급한 음악이라던가, 서양문화가 동양문화보다 더 우월하다고 말해서는 안된다. 문화를 보는 눈은 인종을 보는 눈과 같아야 한다. 백인이 흑인이나 황색인을 피부색이 다르다고 깔보는 것이 잘못된 백인 우월주의자들의 무식한 편견에서 나온 것처럼, 어떤 음악이나 어떤 문화가 더 수준 높고 우월하다고 하는 것은 문화적 쇼비니스트들의 편견에 지나지 않는다. 미술작품이나 음악, 그리고 문화는 우열을 가려 등급을 매기는 대상이 아니다.

오클라호마, 보수적 백인들이 모여사는 곳, 바깥세상을 전혀 모르는 촌놈들이 소몰며 농사만 짓는 곳, 한마디로 문화적 지적으로 수준 낮은 백인 촌놈들 동네로 취급해온. 지적으로 문화적으로 오만한 나를, 이 "문화의 밤"이 계속해서 후려치고 있는 것이다. 무식하고 저급하다고 깔보아온 이른바 오끼들(Okies)이 다른 문화를 보겠다고 천여 석이 넘는 자리를 두 차례나 걸쳐 꽉 메운 사실, 여러 외국 의상과 음악, 몸짓들을 접하고는 어리둥절해하며 환호하는 그 모습에서 이들에 대한 나의 오만한 편견은 깨어지기 시작한 것이다. 내가 남부 백인들의 문화를, 더 좁게는 오클라호마의 문화적, 지적 수준을 깔보고 업신여겨온 이 "문화적" 죄를 어떻게 사함받을 것인가?

가난하다고 그렇게도 우습게 여기고 깔보아온 인도, 파키스탄, 방글라데시, 인도네시아 따위에서 온 학생들이 제각기 그들의 고유의상을 입고, 그들의 가락에 맞춰 춤을 추어댄다. 그들의 웃음 띤 얼굴엔 자기 문화에 대한 사랑과 자부심이 넘쳐 흐른다. 그들이 만들어내는 소리와 몸 움직임에서 조금도 신출내기가 아닌, 도사(?)의 수준에 이른 것임을 쉽게 읽을 수 있었다.

이들이 본국에서 날아온 노래의 도사, 춤의 도사들이 아니라는 사실이 나에게 더욱 충격으로 다가왔다. 이들은 이곳에서 전기공학을, 기계공학을, 경영학을 공부하고 있는 학부학생들, 대학원생들이었고, 그들의 가족들-아내와 아이들-이었다. 그렇다면, 도대체 이들은 언제 자기들의 고유소리를, 자기들의 고유몸짓을 익혀왔는가? 도대체 이들은 얼마나 자기 문화를 사랑하기에 보통사람이면서도 그들의 고유소리와 춤을 그렇게 몸에 배이도록 익혀왔단 말인가?

우리는 개방화, 서구화, 미국화를 소리 높여 지르며, 서양에 있는 것들, 서양사람이 하는 것들, 서양사람이 좋아하는 것들을 줄기차게 수용하고 배워왔음을 만방에 자랑하고 있다. 털사(Tulsa)나 오클라호마씨티(OKC)보다 사람 많고 높은 빌딩이 숲을 이루는 "서구화된 서울"을 치켜세우고, 베토벤과 모차르트를 즐긴다느니, 펄벅이 어떻고 어떠하며 셰익스피어에 대한 지식을 자랑한다. 자랑스럽게 서구 문화, 서구음악, 서구의 춤, 서구의 문학을 얼마나 많이, 얼마나 훌륭히 배워왔노라고 소리 높여 그들에게 이야기 한다.(나는 국수주의자가 아니라 국제주의자다. 외국 것 배우지 말라는 것이 아니라 더욱 더 배우되 우리 것에 대한 지식, 사랑, 자부가 전제되는 개방화, 국제화를 주장하는 민족주의적 국제주의자, 국제주의적 민족주의자이다.)

  우리 가운데 누가 강강수월래를 우리의 고유가락에 맞추어 선녀처럼 무대를 날 수가 있는가? 우리 가운데 누가 장구를 허리춤에 안고 덩실 덩실 춤출 수 있는가? 우리 가운데 누가 가야금이나 거문고를 팅기며 우리 역사의 굽이굽이마다 맺힌 영욕을 토해낼 수 있는가? 아니 우리 가운데 누가 징과 꽹가리를 치며 농악의 한마당을 연출해 낼 수 있는가? 아, 우리 가운데 누가 민중의 핏줄기 속에 흘려온 탈춤의 한 마당을 펼칠 수 있는가? 우리는 문화니 문화유산이니 민족이니 민족문화 계승이니 하며 소리높여 이야기하지만, 얼마나 그 문화를 사랑하고 얼마나 익혔으며 얼마나 자부하고 있는가? 문화가 한 공동체의 정신적, 물질적 집합이라면, 그 공동체 몇 사람이 가지고 있는 것을 문화라 하지 않는다. 우리는 문화를 이야기 하지만 그 문화를 가지고 있는가? 문화를 사변적으로 이야기하는 것이 우리의 문화인가?

그 문화 행사는 학생들만의 작품이 아니었다. 학생을 남편으로, 아빠로 두고 있는 아내들, 아이들이 자기들의 문화를 소개하기 위해, 아니 더 정확하게 말해서 그들이 그렇게 좋아하고 사랑하며 자부하는 그래서 그 문화 속에 흠뻑 빠지기 위해 어른과 아이들이, 남편과 아내가, 그래서 온 가족이, 온 학생회가 한 덩어리 되어 벌였던 문화 잔치였다. 누구에게 보이기에 앞서, 그들 스스로 그것이 좋아, 그것이 그리워, 그것에 흠뻑 빠지려했던, 그래서 무대 위에서 무대 아래서 몸에 벤 그들의 예술을 그들의 문화를 함께 엮어낸 하나의 "한 덩어리 축제"였다.

그런데 우리는 어디있는가? 갑동이도 있고 용팔이도 있고, 갑순이도 있고 영순이도 있고, 대학원생도 있고, 학부생도 있고, 남편도 있고, 아내도 있고, 어른도 있고 아이들도 있는데 "우리"는 어디에 있는가? 이 "문화의 밤"이 준비되고 진행되고 있는 동안 더 정확하게 학생회 회장이 이리 뛰고 저리 쫓아다니며 땀 흘리고 피 쏟을 때 "우리"는 어디에 있었는가? 술상을 펼치고 있었는가, 테니스 코트에 있었는가, 도서관에 있었는가, 연구실에 있었는가? 술집에, 테니스장에, 도서관에, 연구실에 내가 있고 네

가 있는데 왜 이 "문화의 밤"엔 "우리"가 없었는가?

너와 나는 너와 나만 있지 "우리"라는 공동체 의식은 없는가? 너의 것, 나의 것은 있어도 함께 가지고 사랑하고 자부하는 우리 공동체의 문화는 없는 것인가? 대학원생이라고 뒷전에 앉고 학부생이라고 대학원생들만 쳐다보고 학생회 일은 임원들만의 일인양 내 버려두고 학생회 일은 남편들 것이라 부인들이 관심조차 가지지 않는다면, 우리는 우리를 이야기 하지 말아야 한다. 여러 사람 앞에서 학생회를 사랑한다. 이렇게 해야한다 저렇게 해야한다고 소리 질러대던 나와 너는 어디에 있었길래 이 밤에 "우리"가 없는가? 우리는 종교를, 지역을, 개인적 친분을, 사사로운 감정을 뛰어 넘어서는 공동체의식, 공동의 문화를 갖고 있지 못한 것인가? 나와 너를 넘어서서 우리를 엮어내는 우리를 뭉쳐놓는 우리의 문화가 없어서 그곳에 "우리"가 없었는가? 왜 우리는 "우리"가 없었는가?

그날 밤 받은 충격들이 아무리 겨울 옷처럼 내 몸뚱아리를 숨 막히도록 덮고 있어도, 너와 내가 "우리"가 될 수 있는 가능의 봄은 오고만 있다. 아무리 너와 내가 겨울 땅처럼 꽁꽁 얼어있어도

"우리"는 그것을 뚫고 나오는 봄을, 그 봄을 막을 수 없기 때문이다. 그래 겨울이 가고 싱그런 봄이 이곳 한인 학생회에 와 노래하고 춤 추거라.

# 우리의 장이 천대문화, 이대로 좋은가?

　우리가 흔히 쓰는 말 가운데 "장이" 또는 "쟁이"라는 것이 있다. 땜쟁이, 중매장이, 예수쟁이 따위가 그 보기들인데, 이 쟁이라는 말 꼬리가 달린 사람들을 우리 사회는 천시하고 천대하여 왔다. 이를테면, 우리에게 꼭 필요했던 여러 농기구와 부엌 물건들을 만들고 수리해 준 소중한 이들을 천대하고, 자유 결혼을 생각조차 할 수 없었던 전통시대에 없어서는 안되었을 중매를 하는 이들을 천시하며, 자기가 좋아 새 종교 공동체에 들어선 이들을 예수쟁이라고 놀려왔다.

　사실 장이라는 말은 전문인(Professionals)을 일컫는 말이다. 땜하는 기술을, 세금을 거두어 셈하는 전문적 일을, 그림을 그리거나 도자기를 구어내는 예술을, 전통시대에 상담이나 사회사업에 해당하는 중매를 천직으로 삼아 일생을 그 일에 바치는 이들이 바로 장이들인 것이다. 예수쟁이도 예수가 아니면 죽을 것처럼, 예수처럼 살고자 하고 예수처럼 죽겠다는 이들을 일컫는다. 줄여서 말하면, 한 일을 깊게, 일생을 바치면서 살아가 보겠다는 전문인들이나 소명감을 가진 이들을 말한다.

그렇다면, 왜 우리의 전통사회에서는 이러한 예술적 또는 기술적 전문인들을 천대하여 왔는가? 그것은 말할 필요도 없이 조선왕조가 들어설 때 하나의 윤리, 하나의 사회, 정치 사상인 유교를 정통 종교화하면서이다. 우리가 익히 알다시피, 고려시대 말은 최영을 중심으로 한 군부의 구파와 이에 억눌려 온 이성계로 대표되는 "신 군부 세력"이 서로 견제하며 "궁정 정치"를 오로지 잡겠다고 으르렁 거리던 때이다. 신 군부 세력은 새로운 학파인 신유학에 속한 소장파 지식인들과 합세하여 군사 쿠데타를 일으켰다. 구 군부와 밀착된 불교를 척결하고 유교의 가르침에 바탕하여 새로운 정치질서를 세우겠다는 것이 이들이 내세운 쿠데타 명분 가운데 하나이자 새 체제의 방향이었다. 그때부터 우리 사회는 "유교화"되기 시작하였다.

유교화, 이를 여러 시각에서 이야기할 수 있을 것이다. 가족을 삶의 기본단위로 삼아 정치, 사회, 경제 구조를 재편하려는 과정과 그 결과라고 말 할 수도 있고, 높은 사람, 나이 많은 사람을 우대하고 존경하는 윤리 의식을 고취시키고 그러한 사회를 구축하려는 노력이라고도 말할 수 있을 것이다. 또한 오륜에 바탕하여 질서 정연하고 화목스런 사회를 건설하려는 시도라고도 표현할 수 있을 것이다. 그러나 무엇보다도 유교화를 이야기할 때 "덕스러운 사람"이 나라를 다스려야 한다는 정치철학과 사농공상(士農工商)의 계급적 사회사상에 바탕한 정치, 사회의 재편성 또는 재구성의 노력이었음을 빠뜨려서는 안 될 것이다.

"덕의 정치", 이 얼마나 좋은 말인가. 문제는 이 말이 갖고 있는 참 뜻이다. 덕이라는 것은 "유교적 덕"을 의미하고, 이를 가진 자는 인간관계를 매끄럽게 할 수 있는 이들을 뜻한다. 전통시대에 유교만을 공부하고, 유교에만 바탕한 시험을 성공적으로 치룬 이른바 사족 또는 양반들이 이 "덕"을 유난히 강조하였다. 이들은 누구인가? 세금제도와 같은 경제 문제의 전문가도 아니고, 다리공사를, 저수지 공사를 과학적으로 연구하고 건설하는 과학자도 전문적 기술자도 아니었다. 이들은 국제 정세를 연구한 정치학자도 아니고 국민의 의견과 여론을 연구하는 사회학자는 물론 아니었다. 이러한 전문적 지식과 기술을 요하는 일은 이들보다 "더 낮은 계급"에 속하는 일이고, 이들은 "일반적으로 모든 일을 할 수 있는 사람"으로서 과학적, 기술적 전문가들 위에 군림하였다. 조선시대에 일어난 "유교화"의 부정적 현상 가운데 하나가 바로 이러한 사회, 정치 질서의 도래이다. 과학 기술에 일생을 바치는 이들, 예술에 목숨을 건 이들, 경제 활동에 평생을 바치는 이들을 "쟁이"라 하여 사회의 밑바닥에 깔아두고 "도덕 군자"라는 화려한 옷을 입은 아마추어들이 판을 치던 때가 바로 유교적 조선이었다고 말할 수도 있다.

이러한 역사와 문화를 유산으로 받은, 그러나 산업사회로 들어선 오늘의 우리 민족의 역사현장은 어떠한가? 소명의식을 가지고 과학이나 공학에, 예술이나 다른 전문적 일에 한 평생을 바치려는 과학자와 전문적 기술자, 예술가와 다른 전문인들이 얼마나 대우받게 되었는가. 일자리는 쉽게 잡을 수 있으나, 이들이 "성공의 사다리"를 오르는데 좌절과 한계를 느끼고 있지 않는가. 오늘의 "아마추어들"이 산업사회의 쟁이들인 과학자와 전문적 기술인들 위에 군림하면서, 과학이나 기술에 관계되는 정책을 마음대로 입안, 수립, 시행하고 있지는 않은가. 그래서 장래가 촉망되는 공학도가 대학 졸업 후에 전공분야인 기술부니 생산부에서 일하지 않고 비서실이나 기획실, 또는 인사과로 가고자 하는 괴이한 현상이 일어나고 있다. 자연과학이나 공학 박사가 된 이들이 반평생을 바친 자신의 학문을 던져버리고 정치하겠다고, 돈 벌이하겠다 덤벼드는 이야기도 흔히 듣고 있다. "쟁이"근성이 결핍되었다고 이들을 빈정댈 수도 있으나, 이보다 먼저 오늘의 쟁이들이 그 분야에 몰두하며 사회적 대우와 존경, 또 성공적인 사회적 진출을 할 수 없게 하거나 제한하는 우리의 문화구조를 생각해야 할 것이다.

유교적 조선이 우리에게 물려준 여러 가지 좋은 유산들을 부정하지 않으면서, 역사변동에 진취적 대응을 위해서 우리는 오늘날의 쟁이들을 억누르는 이 역사, 사회, 문화 구조를 나 자신이, 그리고 우리 모두가 함께 바꾸어 나아가야 한다. 나 자신이, 내가 좋아 선택한 분야에서 최고가 되겠다는 야망을 가지고 한 평생 끈질기게 노력하는 소명감 또는 쟁이 근성을 새로이 다듬어야 할 것이다. 그러면서 쟁이들이 정말 "쟁이들"이 될 수 있도록 우리의 역사 공동체를 함께 적극적으로 개혁해야 할 것이다.

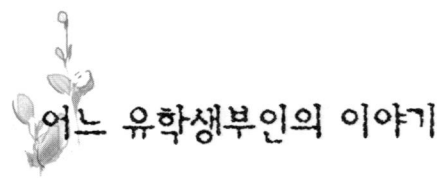
# 어느 유학생부인의 이야기

　말과 풍습이 다른 나라에 와 우리는 공부하고 삶을 꾸리고 있다. 그렇기에 다른 사람들보다 더 많은 어려움을 겪고 산다. 그러나 모든 일을 제쳐두고 가끔 틈을 내어 친구들과 어울려 저녁을 함께하고, 가슴과 가슴을 맞대며, 우리다운 이야기를 나누곤 한다. 이러한 것이 진정 유학생들만이 가진 특권이요 즐거움이다.
　만나 저녁을 나누고 학문을 이야기하며, 문화, 사회, 정치 따위를 대상으로 삼아 대화를 나눈다. 바라보는 여러 가지 다른 시각과 주장들을 내세우고, 그래서 서로 부딪치고 부대끼어 가며 논쟁해보는 것은 전공에 관계없이 학인으로서 즐거운 일이 아닐 수 없다. 특히 학문이 세분화되어 높은 학위를 위해 공부하면 할수록 시각이 좁아진다는 비평이 있는 요즈음, 비록 일반적인 대화일망정 여러 주장과 접근 방법을 만나보는 것은 필수적 이라 말할 수도 있을 것이다.

  미국대학에서 가르치는 나는 한국에서 온 "우리들"의 보살핌과 이들과 맺은 끈끈한 정을 잊을 수가 없다. 이들과 만나 저녁을 나누면서 나는 이들의 여러 가지 관심사를 알게 되었고, 이들이 여러 문제를 바라보는 여러 시각을 접하면서 많은 것을 배웠다. 내가 가진 여러 대화 가운데 어떤 학생부인의 우리문화에 대한 비평을 우리 학생 가족들과 나누고 싶어 여기에 옮겨 본다.

  어느 날 남편 회사에서 야유회를 한다하여 남편을 따라 나섰다. 야유회 장소에 가보니 사장으로부터 말단 사원은 다들 모였는데 이들의 가족들은 하나도 보이지 않았다. 가족들은 집안에 편안히 모셔놓고(?) 자기들만 모여 놀자판을 벌이겠다는 회사원들의 의식이나 문화 수준을 이 부인은 몰랐던 것이다. 이 부인은 가족들을 버려둔 채 모여 놀자판을 벌이는 한국의 남자들이 불쌍해 보이는데, 이들은 남편을 따라온 부인을 이상스레 쳐다보더라는 것이다.

  한 해를 매듭짓고 새해를 맞는 망년회가 있어 남편을 따라 나섰더니, 커다란 술집을 세내어 술 마시고 노래판을 벌이는데, 여기에도 가족들은 제외되었다. 이 뜻있는 행사에 입만 벌리면 가족, 가족 하는 우리가 온 가족이 함께 먹고 이야기하고 노래를 부르면 오죽이나 좋을까 하고 생각하는 이 부인을 모두들 이상스레 여기더라는 것이다.

어쩌면 흔히 있는 이야기, 그래서 따질 필요도 논의할 가치도 없다고 생각할지 모른다. 그러나 바로 이 두 이야기에 우리가 짚고 넘어 가야할 의미 있는 "문화비평"이 숨어 있다. 남자 중심의 사회에서 남녀 동등의 사회로, 남편 천국의 사회에서 남편과 아내가 함께 즐거움과 어려움을 나누는 사회로 바뀌어야 하는 것은 두 말할 필요가 없다. 가족, 가족중심 따위를 걸핏하면 내세우는 우리 사회의 모순과 관습에 질문하고 말없이 이를 깨겠다고 행위한 이 부인의 용기를 우리는 높이 사야한다.

누가 이 부인을 이상한 눈초리로 보는가? 누가 이 부인에게 우리의 풍속, 우리의 사회를 모른다고 "돌을 던질 것인가!" 잘못된 것이라면 아무리 "우리의 것"이라도 꾸짖어야 하고 고치어야 하는 것이다.

우리의 의식과 문화는 진취적이기 보다 보수적이다. 농경사회 문화를 유산으로 이어받은 우리 민족은 움직이며 살기보다는 한 곳에 정착하기를 갈망하고 여러 가지 새로운 것을 시도하기보다는 한 가지 생각에 끈을 매어 안정을 희구한다. 이처럼 "보수적인" 우리가 미국이라는 나라에 와 공부하며 살고 있다. 여기에 온 이 기회에도 우리는 우리를 스스로 닫아. 미국사회의 밝고 어두운 면을 보고 배우기보다는 무조건 거부감을 갖게 되는 보수적 문화체질을 우리는 지니고 있다. 나라 안에 있을 때는 그렇지 않던 우리가 이곳에 와 더욱 짜고 매운 음식을 찾는 것과 마찬가지로 무의식 가운데 우리의 것을 감싸고 늗의 것을 거부하는 태도로 우리는 생활해 온 듯하다.

    이왕 더 배우겠다고 바깥 나라에 까지 왔다면, 그래서 안에 있는 "우리들"보다 더 용기있고 더 진취적인 행보를 했다면, 세분화된 공부에만 파묻혀 생활을 꾸리지 말고 우리의 문화와 이곳의 문화를 비교하며 좋은 것들을 우리 생활과 의식 속으로 끌어들이면서 우리 스스로를 개조하고, 우리의 문화를 개혁하며, 우리 사회를 고쳐 나가려는 마음을 가져야 하지 않을까? 새 학기를 맞으면서 우리는 새로운 마음가짐으로 나와 우리를 보고 더 나은 삶을, 더 진취적인 삶을 추구해 봄이 어떨까?

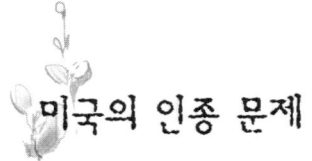
# 미국의 인종 문제

　미국에 온지 20년이다. 미국에서 공부하고 대학에서 가르친 것이 20년이 되었다는 말이다. 그러나 나는 미국을 안다고 내놓고 말할 수가 없다. 가끔 한국을 방문하여 방송을 듣고 신문을 보노라면, 미국을 "아는 사람들"이 미국이 아니고 한국에 더 많구나 하는 생각에 젖어든다. 한 일주일이나 한 달, 오래면 한 일년동안 미국을 방문한 목사, 교수, 기자들이 미국은 "이렇다", "저렇다"하며 쉽게 말하는 듯하다. 어떤 이는 미국이 무질서하다 하고 어떤 이는 미국이 질서있는 나라라고 하는가 하면, 어떤이는 미국사람들 냉정하다 하고 어떤 이는 미국사람들이 참 친절하다고 말한다. 어떤 사람은 미국은 닫혀진 사회라고 하는가 하면, 어떤 이는 미국은 참으로 열려진 사회라고 한다. 우리의 옛말, "무식할수록 용감하다"는 말이 생각나지만, 사실 이들의 엇

갈리는 미국 소감은 그렇게 틀리지 않다는 생각이 든다.

　미국은 이렇다, 저렇다 함부로 말할 수 없는 복잡한 나라요 사회요 문화이다. 미국에는 극우파, 극좌파 정치 집단과 종교집단이 공존하고 있고, 미국을 우상으로 여기는 이들이 있는가 하면 미국에는 다른나라 사람보다도 더 비판적인 지식인들이 있는 나라이다. 경제적 차별이 대단한 듯 보이나 인간이 기본적으로 입고 먹고 기거할 여러 조건들을 다 평등하게 갖고자 하는 나라, 중, 고등학교 교육이 엉망인 듯 야단법석이지만 세계적인 학자나 과학자를 길러내는 미국의 교육, 그야말로 미국은 함부로 말할 수 없는 복잡한 나라다.

　그런데 나는 이런 미국을 말하고자 한다. "미국은 온 세계, 온 인류가 안고 있는 모든 문제를 다 안고 있다"는 퍼스펙티브(Perspective)를 가지고 미국을 이야기 하려 한다. 달리 말하면, 미국은 온 세계, 온 인류가 따라야 하는 "빛"을 가지고 있는가 하면 미국은 또한 온 세계, 온 인류가 피해야 하는 "그림자"가 드리워져 있다는 시각을 가지고 미국을 이야기 하자는 말이다. 최첨단의 과학, 인권, 평등, 공정성에 바탕한 민주적 이상, 교육의 높은 질과 평등한 교육기회, 무엇보다도 항상 "다음 기회"(Second chance)가 부여된 나라, 이 모두가 온 인류가 빛처럼 따라야 하는 것들이고 이것을 미국은 가지고 있다. 그러나 이 미국은 또한 무시무시한 핵, 인종차별, 극단적 보수와 극단적 진보가 첨예히 맞붙어 있는 소름끼치는 어두운 "그림자"로 뒤덮여 있다. 나는 오늘 이 미국의 빛과 그리고 그림자를 인종문제를 중심으로 이야기 하고자 한다.

1492년 인도를 가려고 유럽을 출발한 콜럼버스(Christopher Columbus)가 지구를 돌다 인도인줄 알고 아메리카 대륙에 온 이후 유럽 백인들이 줄지어 아메리카에 와 살게 되었다. 아메리카에 사는 원주민들을 인도사람인줄 알고 인디언이라 하였으니 세계를 제패한 당시 유럽 사람들의 지식정도를 알만도 하다. 여하튼 이들은 원주민 인디언들을 사람으로 보지 않고 동물취급 하였으며, 이후 목화와 담배 재배 농장에 노동력이 딸리자 아프리카로부터 흑인들을 데려와 노예로 부려먹었다. 백인들이 아메리카 땅에서 펼치기 시작한 인종차별의 역사가 이렇게 시작하였다.

그 유럽계 미국인 가운데도 양심있는 그리스도인들이 있어 인디언이나 흑인들을 동물처럼 노예로 삼아 차별하는 것을 죄악이라 주장하기 시작했고, 이러한 생각들이 정치, 경제, 사회의 여러 변화와 더불어 이른바 16대 대통령 링컨(Abraham Lincoln, 1809-1895)의 노예해방 전쟁을 불러 일으켰다. 이 노예해방 이후에도 인종차별은 계속 되었다. 흑인, 유대인, 인디언, 히스패닉, 아시안들을 동물취급하고 버스도 함께 탈수 없고, 화장실도 함께 쓸 수 없으며 심지어 식사도 함께 할수 없는 그러한 인종차별은 미국 곳곳에 뿌리내려 있었던 것이다. 심지어 하나님은 백인들만의 하나님이어서 유색인종들과는 함께 예배를 드릴수 없다 하여 찾아오는 유색 크리스천들을 교회에서 쫓아내는 일이 빈번하였다. 20세기 초 캘리포니아에서 일어난 아시아 사람들에 대한 사회적, 교육적 차별행위도 바로 미국사회에 뿌리깊이 박힌 백인우월의식에서 움터나온 것이다.

우리가 잘 아는대로 1960년대 킹 목사(Martin Luther King, Jr.)를 중심으로 한 민권운동으로 미국은 엄청나게 변하였다. 법적으로 변하고 제도적으로 변하기도 했지만, 이 대중운동으로 많은 백인들의 생각이 달라지기 시작했을 뿐만 아니라 흑인들 비롯한 소수 민족들이 정치적, 사회적으로 깨어난 것이 무엇보다도 중요한 변화이다. 차별을 받으며 그냥 지나던 옛 태도를 버리고 소수민족들은 스스로 모임을 만들고 그들의 목소리를 높이기 시작하였다. 민권운동가인 잭슨 목사(Jesse Jackson)가 1984년 민주당 대통령후보 지명전에 나설 수 있었던 것도 바로 1960년대 흑인 민권운동으로 소수 민족들이 사회적, 정치적으로 깨어났기 때문이다.

미국도 많이 변하였다. 그러나 극우 백인 집단이 사라진 것도 아니고 인종차별이 없어진 것이 아니라 지금도 미시간, 아이다호, 뉴멕시코, 아리조나 주 등 미국 곳곳에 백인우월 주의자들이 모여 살며 민병대를 조직하여 "백인의 왕국"을 건설하려고 군사훈련까지 하고 있다. 교육 받은 백인들 가운데 백인 우월의식을 버리지 않은 사람들이 아직도 많다. 겉으로 내놓지 않고 교묘하게 소수 민족을 여전히 차별하고 있다. 아무리 우수한 소수 민족이 백인 못지않게 일을 처리해도 백인처럼 진급하지 못하고 백인처럼 월급 받지 못하는 일들이 매일매일 일어난다.

심지어 대학교수인 나도 이러한 인종차별을 받은 경험이 있다. 주말에 연구실로 걸어갈 때 누가 어디서 던졌는지 모를 돌을 맞은 적이 한 두 번이 아니다. 이른바 미국에서 가장 열려진 대학촌에서 벌어진 일이다. 어떤 때는 연구실문에 붙어있는 내 이름표를 누군가 떼간 적이 있다. 백인 학생들을 가르치는 노랭이 교수, 아니 잘난 체하고 인기 있는 노랭이 교수를 받아들이지 못하는 미개한 백인들이 벌이는 교묘하고 천박하기 짝이 없는 인종차별이다. 내가 나서 주장하고 요구하지 않으면 진급도 늦추고 봉급인상도 무관심이다. 며칠 전(1997년 3월 21일) 시카고에서 클라크(Lenard Clark)라는 13살 난 흑인 아이가 세 명의 10대 백인 소년들에게 대낮에 몰매를 맞고 거의 죽어가는 상태가 되었다고 신문은 보도 하였다. 이 인종차별의 어두운 그림자가 아직도 미국 각 곳에 음침하게 드리워져있다.

그러나 이 인종문제, 이 문제에 있어서도 미국은 다른 어느 나라, 어떤 사회보다도 더 밝다. 영국 사람들은 같은 백인들 사이에도 종교가 다르면 총으로 서로 쏘아댄다. 독일 사람, 프랑스 사람들도 유색인종 뿐만 아니라 같은 피부색을 가진 이웃 백인들과도 사이좋게 지내지 못하고 있다. 같은 노랭이인데도 일본

사람들의 재일 교포 차별은 또한 어떤가. 아 누가 누구를 이야기하는가. 한국사람들은 흑인들을 어떻게 취급하는가. 아무 거리낌 없이 "검둥이, 검둥이"하고 부르는가 하면, 뭐가 그리 잘났다고 한 흑인이 지나가면 "연탄 한 장 지나간다"하고 세 흑인이 들어오면 "연탄 석장 들어왔다"고 씨부려댄다. 1960년대의 흑인 민권운동 덕분에 소수 민족으로 이만큼의 법적, 제도적 보호를 받게 되었다면, 교포들은 감사하는 마음으로 흑인을 대하여야 하고 그들과 짝하여 미국사회에서 살아야 하지 않겠는가. 하기야 우리가 본 고국은 같은 민족이라도 지방이 다르면 멸시하고 차별하는 사회가 아닌가.

 다른 나라, 다른 사회와 비교하면 미국은 대단한 나라이다. 자기들이 안고 있는 여러 문제들을 숨기지 않고 내어놓고 토론을 벌이고, 의견을 수렴하고, 이에 바탕하여 법을 만들고 제도를 만들어 고쳐가려 한다. 바로 미국을 움직이는 이들은, 미국의 정치, 경제, 사회, 문화를 주도하는 이들은 적어도 "초월적 존재"에 대한 믿음을 가진 자들이기 때문이다. 비록 주일마다 성경, 찬송 가지고 교회에 가지 않더라도 빈부의 차이를 초월한, 지방색을 초월한, 아니 피부색깔을 초월한 존재인 하나님에 대한 신앙을 가진 이들이 미국을 움직이고 있다. 아니 이러한 초월적 신앙이 미국사회 밑바탕에 널리 그리고 깊게 깔려 있다. 바로 이것이 미국의 어두운 그림자를 서서히, 그러나 지속적으로 거두어 버리는 빛이다.

며칠전 독일이 낳은 세계적 테니스 스타 벡커(Boris Becker)에 관한 보도가 있었다.(1997년 3월 22일) 백인인 벡커는 흑인과 결혼하여 아들까지 낳고 독일에서 살아왔다. 그는 독일의 스포츠 영웅이다. 그러나 그는 독일에서 살아가기 힘들다고 고백하였다. 흑인인 아내, 그리고 그 사이에서 난 아들 노아가 지속적으로 인종차별을 받아 왔고 앞으로도 변치 않고 그러한 차별을 받아야 할 것 같아, 그가 태어나고, 그를 영웅시하는 조국 독일을 버리고 미국으로 이주한다는 보도였다. 벡커 스토리가 분명히 일러주는 것은 인종차별로 어둡게 그림자 지워진 미국이 그래도 세계 어느 나라, 어느 사회보다도 이 인종차별이라는 그림자를 거두어 버릴 더 강렬한 빛을 가지고 있다는 사실이다. 바로 초월자에 대한 믿음이 그 빛을 발하고 있기 때문이다.

# 중국 김치파동

몇 년 전부터 사스인가 조류독감인가 하며 공포에 휩싸였을 때 '김치를 먹는 사람들'은 아무 탈이 없이 건강하게 생활하였다는 사실이 이곳저곳에서 알려지자 우리 김치의 인기가 치솟았다. 중국과 동남아에 확산되고 있는 '한류'(韓流)의 한 가운데 김치가 자리하고 있다는 이야기도 들린다. 샌드위치를 즐기는 서양 사람들 사이에 '김치 샌드위치'가 등장했다고도 한다. 다른 나라 사람들의 식탁에 우리의 김치가 놓여있다고 생각할 때 가슴 뿌듯하다. 김치 때문에 입 냄새가 나 서양 사람들을 만날 때 두려워했던 것이 어제 같은데 김치를 먹는다는 것이 자랑스럽게 되었다.

그런데 요즘 이 김치 때문에 야단이다. '중국김치' 때문이다. 김치의 인기가 치솟아 중국 사람들이 한국의 김치를 수입해 먹다가 아예 김치를 생산하기 시작한 것이다. 그러다가 값싼 노동력으로 값싼 김치를 생산하여 급기야 김치의 본산인 한국으로 수출하게 되었다. 이번 '중국김치파동'은 이 수입김치에서 기생충 알이 검출되었고 '중국산 김치'에 대한 우리들의 반응은 '김치'를 넘어 다른 중국산 물품들에 대한 거부반응으로 확산되었다.

중국정부는 자국의 경제문제를 염두에 두었든지, 중국 사람들의 자존심이 발로였는지 즉각적으로 '한국김치'에도 기생충 알이 검출되었다고 발표하게 되었고 중국과의 무역마찰을 염려한 우리 정부는 이 파동을 잠재우려고 노력하였다. 우리의 김치에도 기생충 알이 검출되었다고 발표함으로 이른바 '중국김치파동'은 수면 아래로 들어간 듯하다. 이른바 김치파동을 중국당국이나 우리 정부는 '경제적인 문제'로, 경제적 이해득실을 계산하며 덮으려 했다는 느낌을 저버릴 수가 없다.

이번 김치파동은 단순한 경제문제가 아니다. 이것은 생명과 관계되는 음식의 문제이자 생명을 어떻게 보고 있는가 하는 문화의 문제다. 돈을 벌기 위해 '어떤 수단과 방법'을 가리지 않는 사람들이 만들어낸 인간생명에 대한 도전행위요 인류문명 파괴

행위다. 그렇기에 우리는 이번 파동을 보면서 중국 사람들의 인간에 대한, 생명에 대한 태도를 이야기해야 하고, 이를 계기로 우리도 우리가 사람을, 생명을 어떻게 보고 삶을 꾸리고 있는지 자기 성찰적으로 생각하여야 한다. 사람과 생명은 국가나 민족의 경계 안에 가둘 문제가 아니다.

100여 년 전, 그러니까 19세기말 미국유학을 마치고 중국 상해에 있던 선교학교에 교편을 잡은 바 있던 윤치호의 생각이 떠오른다. '세계인'이 된 윤치호는 다른 나라의 음식을 가리지 않았다. 그런 그가 이렇게 말했다.

"중국 사람들은 아마도 조선 사람들을 제외하고는 세계에서 가장 더러운 인민일 것이다! 조선 사람들이 어떤 면에서는 중국 사람들보다 더 깨끗하다. 이를테면, 더러운 개울가 같은 곳에서 한 중국 사람이 더러운 옷을 빨고, 다른 중국 사람은 발을 씻고 있으며, 어떤 중국 사람은 요강을 씻고, 또 다른 중국 사람은 대변 통을 닦으며, 다른 중국 사람은 채소를 씻고, 또 다른 중국 사람은 쌀을 씻고 있는 것을 본다! 이 개울물은 수로를 거쳐 식수로 각 가정으로 운반된다. 조선 사람들은 이 정도는 아니다."

그렇다, 윤치호가 일찍이 보았듯이 중국, 중국 사람들은 더럽다. 우리가 어릴 때 중국집에서 보았듯이 중국음식, 중국음식문화가 더럽다. 중국 사람들의 생활도 불결하다. 그러나 윤치호가 보았듯이 우리도 별반 다르지 않다.

우리는 이번 '중국김치파동'을 '중국과 우리', '중국음식과 우리 음식'의 담론을 넘어 사람과 생명의 가치를 생각하는 사회와 문화를 자기 성찰적으로 생각하는 계기로 삼아야 한다. '기생충 알'이 든 김치를 만들어 돈을 벌자는 생각, 사람보다도 차를 중심에 두는 우리의 의식, 자동차가 사람을 피하는 것이 아니라 사람이 자동차를 피하며 길을 걸어야 하는 우리네 거리, 몇몇 '잘난 아이들'을 위한다며 수많은 '아름다운 보통의 아이들'을 멸시하는 교육, 한마디로 '배부른 돼지'가 되는 것을 '잘 사는 것'이라고 생각하는 우리의 의식을 한번 곱씹는 계기로 삼자는 말이다.

# 우리는 왜 미국에서 조차 코리언이어야 하는가?

로스엔젤레스를 빈정대어 "서울특별시 나성구"라 한다. 그곳에는 코리언들이 많아 영어를 못해도 살아갈 수 있는 서울 같은 곳이기 때문에 붙여진 이름이다. 코리언들의 식당, 식품가게, 교회, 여행사, 무역회사, 건축회사, 신문사, 은행 그리고 코리언 의사, 교수, 변호사, 심지어 한국식 술집과 노래방, 책가게와 만화가게가 즐비하게 들어서 있어 코리언들이 살아가는데 필요한 모든 것이 로스엔젤레스에 있다. 그래서 그곳은 "서울특별시 나성구"라 할 수 있다.

무엇이 잘못 되었는가. 인디언들이 사는 곳에 유럽 사람들이 함부로 들어와 이들을 무력으로 억누르고, 정치, 경제, 사회, 문화의 주도권을 잡은 곳이 바로 미국이다. 이 "이민으로 이루어진 미국"에 코리언들이 들어와 "나성구"를 만든 것은 수치스런 것이 아니다. 자랑스러운 한 역사이다. 미국에 온 코리언들은 해마다 설 잔치를 벌이고, 3·1절이다, 8·15다 하며 기념식을 올리며, 이곳저곳에서 민주화다, 통일이다, 우리 겨레 돕기다 하는 운동을 벌이기도 한다. 코리언들의 행사, 코리언들의 모임, 정말 미국에 사는 교포들이 엮어내는 흐뭇한 역사의 조각들이다.

20여 년전 미국에 와 내가 거쳐다닌 크고 작은 도시에 코리언들이 있었다. 공부하던 시애틀, 내가 처음으로 대학교수가 된 오리건의 작은 마을 애쉬랜드에도 코리언들이 있었고, 이곳 오클라호마, 털사에도 오클라호마 시티에도, 아니 내가 가르치고 사는 작은 학교촌 스틸워터에도 코리언들이 있다. 아니 "있다가 아니라 살고 있다"고 해야 옳다. 백인들 사이에 그냥 있는 것이 아니라, 코리언들은 서로 모여, 서로 부대끼며, 서로 위로하며 이른바 "참 모습"(정체성 identity)을 저버리지 않고 살아가고 있기 때문이다. 식품가게나 식당에 가도, 아니 태권도 도장에 가도 코리언들은 그 특유의 뚝심을 가지고 언어, 문화의 높다란 담벼락을 넘어 어렵게 살면서도 코리언다운 웃음과 정을 간직하고 있다.

이 코리언들은 어렵게 번 돈으로, 그리고 넉넉지 못한 생활을 하면서도 두고온 땅에 혹심한 가뭄이 있거나 물난리가 있으면 한재니 수재니 하며 의연금을 거두어 보낸다. 적은 성의를 모아 2세들을 위해 장학금을 만들기도 하고, 교회에 옹기종기 모여 코리언 커뮤니티의 영적, 윤리적 건강함을 위해 이런 저런 프로그램을 펼친다. 이런 일들을 벌리다 보면 서로 부댓기어 마음 상할 때도 있으며, 심하면 왜 미국에 와서 까지 코리언들 끼리 모이어야 하는가 하며 코리언들의 커뮤니티, 코리언들의 활동 자체에 회의를 품을 때도 있다.

그래서 어떤 코리언들은 이른바 "미국 주류사회"에 진출 한다는 명분을 앞세워 코리언들, 코리언들의 교회, 코리언들의 커뮤니티와 거리를 두면서 살아가기도 한다. 백인들 한 가운데 있어도 코리언은 코리언이고, 흑인들 사이에 있어도 코리언은 코리언이며, 여러 인종이 섞여 있는 곳에 가도 코리언은 코리언인 것이다. 이민으로, 여러 인종들로 구성된 미국을 몰라도 한창 모르는 이들이 바로 미국 주류사회에 진출한다며 자기 커뮤니티와 동떨어져 사는 바로 이러한 코리언들이다. 로마에 가면 로마법을 따르라는 말이 있듯이 미국에 오면 미국법을 따라야 한다고 이들은 자기들을 정당화 한다. 문제는 그 미국을 보는 눈이다.

　미국을 주름잡는 이들이 모두 코리언들처럼 이민을 왔거나 이민은 이들의 후손들이며, 바로 이들은 모두 그들의 "참 모습"을 또렷이 간직하고 있고 그들의 커뮤니티와 깊게 엉키어 살아가고 있다. 몇 세대를 거쳐 미국 정계를 휘어 잡고 있는 케네디 집안만 하더라도 그들의 "아이리쉬 가톨릭"이라는 참 모습을 저버리지 않고 살아가고 있다. 이들은 성 패트릭(St. Patrick)날이 되면 그들의 커뮤니티에 나가 춤추며 파티를 벌리고, 일요일이면 아이리쉬계 성당에 나가 미사를 올린다. 유대인들은 하누카(Hanukkah)가 되면 야밀케(yamilke)모자를 자랑스럽게 쓰고 학교가고 그들끼리 만나 축제를 벌인다. 미국이 이민으로 이루어진 사회이고, 그래서 다양성에 바탕한 이 사회에서는 자기네의 "참 모습"을 감추지 않고 드러낼 때 다른 이들로부터 무시당하지 않는 다는 것을 이들은 알고 있는 것이다. 바로 이들이 미국 주류사회의 한 가운데서 주도권을 잡고 있다. 미국 주류사회에서는 자기 커뮤니티를 버린 이들은 아무도 없고 또 그래서는 미국 주류사회에 끼이지도 못한다.

옛 인도의 종교철학을 담고 있는 "우파니샤드"(Upanishad)에 이런 이야기가 있다. 나자마자 부모 잃은 한 호랑이가 염소집안에 입양되어 성장하게 되었다. 그는 염소가 먹는 풀을 먹고 염소의 언어와 풍습을 익히며 성장하였다. 이 호랑이는 자기가 염소인줄 알고 그렇게 삶을 꾸리어 나갔다. 어느 날 연못가에서 다른 호랑이를 만났다. 이 호랑이는 "염소된 호랑이"에게 다가가면서 호랑이 말로 인사를 하였으나 호랑이 말을 배우지 못하고 염소말만 배운 "염소된 호랑이"가 알아들을 수가 없었다. 이 호랑이가 "염소된 호랑이"를 이끌고 연못가로가 얼굴(참 모습 identity)을 보게 했다. "염소된 호랑이"는 처음으로 자기의 "참 모습"을 보고 자기가 호랑이인 것을 깨닫는다. 그때부터 그는 호랑이 말을 배우고 호랑이처럼 고기를 먹기 시작하였다. 풀먹으며 염소처럼 살아온 호랑이에게는 자기의 참 모습대로 산다는 것이 여간 어려운 일이 아니었다. 그러나 호랑이가 호랑이로 살아야지 염소처럼 살아서는 안되는 것이다. 코리언은 코리언답게, 코리언처럼, 코리언으로 살아야 하는 것이다.

내가 나됨을 숨기고, 우리가 우리임을 저버릴 때, 아무리 대학

교수이고, 의사이고, 변호사이고 또는 돈이 많다 하더라도 미국의 주류사회에 들어가 큰소리치며 살지 못한다. "자기의 참 모습"을 저버리고, 자기들의 커뮤니티와 동떨어져 사는 이들을 미국사람들은 측은히 여기고 동정을 보낼 따름이다. 아무리 그들의 모습을 닮아 가려 해도, 아무리 그들 가운데 섞여 살아도 그들처럼 그들이 될 수 없다. 그들은 자기의 참 모습을 잃은 사람들, 자기의 커뮤니티와 동떨어진 사람들을 앞에서는 웃어도 뒤돌아서면 뿌리도, 줏대도 없는 사람들이라고 비아냥거린다. 코리언은 코리언의 참 모습을 지니고 있을 때 그들은 무시하지 못하고 존경하는 것이다.

    다수의 염소무리 가운데 "염소된 호랑이"로 사는 것 보다 염소무리 가운데 "참 다운 호랑이"로 살아야 하듯이, 어디에 있으나 코리언은 코리언이어야 한다. 참된 코리언은 바로 이러한 코리언들이고, 이러한 코리언들만이 진정 미국 주류사회에서 우뚝 설 수 있다.

# 셋째 마당
# 우리는 예루살렘보다 베들레헴을 본다

우리는 예루살렘보다 베들레헴을 본다 | 마구간의 예수 | 새해에도 우리는 '예루살렘'과 맞선다 | 가시관의 예수, 금관의 예수 | 생수가 솟아나는 샘물이 되자 | '소동'의 예수 | 상실의 신앙 | 초월의 공동체를 구성하자 | '하나님나라'만 이야기 하겠습니다 | 파당의 정치, 초월의 정치 | 내 안에 계시는 하나님 | 믿는 바를 넘어서

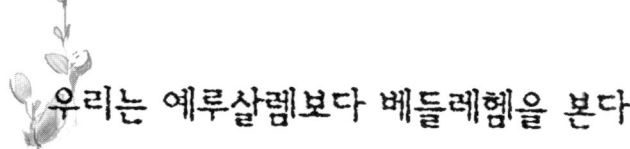
# 우리는 예루살렘보다 베들레헴을 본다

예수 오심의 달을 맞는다. 하나님의 아들 예수는 화려한 예루살렘의 고급호텔을 선택하여 오시지 않았다. 무엇이든 맘대로 할 수 있었던 절대자의 아들 예수는, 알려지지도 않은 시골마을 베들레헴의 냄새나는 마구간을 선택하여 이 세상에 오셨다. 이 예수 오심의 참뜻을 우리는 바로 이 '오심' 이야기에서 찾는다. 예수는 권력, 부 그리고 명예를 숭상하는 예루살렘 질서의 안티테제로 오신 것이다.

예수는 출세, 뻐김, 으시댐의 도시 예루살렘 가치와 '다른 가치'를 선포하러 오신 것이다. 예수는 예루살렘 성전을 중심으로 권세를 누리는 장로와 서기관들에게 '참 하나님', 그 '하나님의 말씀'은 성전 안에 갇힌 것이 아니라 성전 너머, 성전 밖에도 있다는 것을 가르치러 오신 것이 예수 오심이다.

예수가 탄생지로 선택한 것은 베들레헴이다. 베들레헴은 가난한 이들이 사는 작은 마을, 잊혀진 이들이 사는 이름 없는 마을이다. 베들레헴은 자연과 더불어 평화를 갈망하고, 예루살렘의 권력, 부, 명예를 우러러보지 않는 이들이 오순도순 서로 돕고 사는 그런 마을이었다.

하나님을 내세워 큰 건물을 짓고, 값비싼 실내장식과 방음장치를 한 성전을 꿈에도 생각하지 못하고 일터에서, 잠자리에서, 길을 걷는 길거리에서 기도를 드린 순박한 하나님의 사람들이 사는 그런 마을이 베들레헴이었다. 예수는 바로 이런 이들이 사는 마을에 오신 것이다.

〈뉴스앤조이〉는 예수 오심의 계절에 이러한 예수 오심의 심오한 뜻을 되새기며 간행됐다. "한국교회의 어제를 반성하고 오늘을 고백하며 내일을 고민하는 참 증인"이 되는 것을 달리 말하면 예수 오심의 참 뜻을 이 땅에, 이 땅의 교회에 되새김하자는 '선포'이기도 하다.

예루살렘의 가치가 숭상되는 한국교회에, 예루살렘 가치를 예수의 가르침으로 가르치는 우리 교회 지도자들에게, 예수의

'베들레헴 선택'을 다시 생각하자는 외침이 〈뉴스앤조이〉 출발이었다. 그래서 우리는 화려하나 부패하고 무기력한 '예루살렘'을 고발하였고, 그래서 우리는 가난하나 예수가 선택한 이 '베들레헴'을 줄기차게 말했다.

앞으로도 우리는 타락한 예루살렘, 으시대며 빈둥거리는 예루살렘의 종교지도자들, 예루살렘의 가치와 질서를 부러워하지 않고 계속 질타할 것이다. 그리고 우리의 가난함을 아름다움으로, 우리의 초라함을 자랑으로 여기며 계속 '베들레헴'을 말할 것이다. 베들레헴을 말하는 우리를 가난하다고 무시하고, 초라하다고 비웃는 이들이 있다 해도 사명감과 자부심을 가지고 베들레헴을 선택한 예수의 삶과 가르침을 말할 것이다.

그것이 〈뉴스앤조이〉가 이 땅에 탄생한 이유이며, 존재 이유이고, 이 시대 하나님으로부터 받은 사명이라고 믿는다. 〈뉴스앤조이〉 100호 발간을 맞아 하나님께 감사와 영광을 드리며 끊임없는 사랑을 보여주신 〈뉴스앤조이〉 독자와 기쁨을 함께 나누는 마음이다. 이 기쁨에 취하지 않고 이 시대 우리에게 맡기신 사명을 되새기고 또 되새긴다.

## 마구간의 예수

　경제가 어렵고 사회가 혼란하다 해도 길거리에는 크리스마스 트리가 등장하고, 백화점엔 산타가 춤을 추고, 여기저기서 징글벨 소리가 흘러나온다. 올 해도 어김없이 크리스마스가 오고 있다. 요즈음 산타도 백화점과 술집에 먼저 온다. 매상을 올리자는 상혼 탓이리라.
　교회의 크리스마스도 비슷하다. 화려한 장식이 교회당 안팎에 들어서 크리스마스 트리가 빛을 발한다. 교인들끼리 선물교환 준비를 한다. 찬양대는 특별음악을 준비한다. 교회가 이처럼 들떠 부산히 움직이면 어김없이 크리스마스가 오고 있다는 징표다.
　교회 안팎의 이러한 분주함은 '예수 오심'의 참뜻과는 거리가 멀다. 하나님이신 예수가 인간을 죄에서 구하기 위해 인간의 몸을 입고, 그것도 가난한 목수의 아들로 이 땅에 왔다는 이 사실이 무엇을 뜻하는지를, 다시 말해서 '예수 오심'의 참뜻이 무엇인지를 되새기는 마음가짐으로 크리스마스를 맞아야 한다.

절대자인 하나님이 로마의 황제로 오지 않고 낮고 천한 가난뱅이 목수의 아들로, 예루살렘이 아니라 베들레헴으로, 고급호텔이 아니라 마구간으로 왔다는 데서 우리는 '예수 오심'의 참뜻을 본다. 세상의 통치자들은 백성을 우습게 여겨 내리누르고, 세상 사람들은 으뜸이 되고 높은 사람이 되고자 하지만, 절대자이며 통치자인 예수는 남을 섬기겠다고 온 것이다.

으시댐과 뻐김, 앞섬과 위에 앉음이라는 세상의 삶에 '겸손'과 '종 됨'의 삶을 스스로 보인 사건이 바로 '예수 오심'이다. 가장 높으신 이가 가장 낮은 이로, 군림할 수 있는 통치자가 섬기는 종이 되겠다고 온 사건이 바로 '예수 오심'이다. 이 세상 삶의 목표, 삶의 방식이 올바른 것이 아니라 참다운 삶이 무엇인지, 그러한 삶은 어떻게 꾸려야 하는지를 보여주기 위해 절대자가 그 높은 자리를 떨쳐버리고 가장 낮은 자리로 와 스스로 보여준 사건이 '예수 오심'인 것이다.

바로 이 '예수 오심'의 사건에서 우리는 기독교의 역동성, 기독교의 '혁명성'을 읽어내야 한다. 통치자가 종으로, 가장 높으신

이가 가장 낮은 자로 왔다는 것은 거꾸로 읽으면 종이 통치자이고 가장 낮은 자가 가장 높은 이라는 가르침이다.

세상의 통치자들은 권력으로 위세 떨치며 자기의 자리를 움켜쥐려고 하고, 세상 사람들은 총칼로 기존질서를 뒤엎겠다고 하지만, 예수는 섬기는 종으로 이 세상의 질서를 변화시키려고 왔다. 세상질서를 세상의 방식대로 바꾸기 위해서가 아니라, 세상의 가치를 또 다른 세상의 가치로 대체하고자 하기 위해서 온 것이 아니다.

세상의 가치를 '하나님 나라'의 가치로, 세상의 방식과 수단으로가 아니라 하나님 나라의 방식으로 어떻게 뒤바꾸는지 보여주기 위해 이 땅에 온 것이다. 권력이나 총칼이 아니라, 무리를 지어 세를 과시하고, 정치집단을 만들어 소리 높이 지르는 방식과 수단이 아닌, 높임 받아야 할 이가 스스로 낮추고, 섬김을 받아야 할 이가 스스로 섬기고, 으뜸인 이가 스스로 꼴찌의 자리에 앉는 삶으로 세상을 뒤바꾸려고 온 사건이 '예수 오심'이다.

크리스마스 트리와 산타의 옆을 지나며 크리스마스 캐럴을 들으면서 '예수 오심'의 참뜻을 되새김하자. 올 해도 어김없이 크리스마스가 오고 있다.

# 새해에도 우리는 '예루살렘'과 맞선다

우리 사회와 우리 교회는 그야말로 '다사다난'한 한 해를 보냈다. △대통령탄핵정국 △신행정수도이전 문제 △이라크 파병 △김선일 피살 △북한 룡천역 참사 △유영철의 살해사건 △4대 개혁법안 논쟁 △북핵문제 △수능부정 등으로 온 나라가 시끄러웠고 뒤숭숭했다.

교회 안팎에서도 △기독교정당 해프닝 △일부 대형 보수교회 교인들의 시청 앞 시위 △몇몇 교회의 세습 비리, 분쟁이 있었는가 하면 △〈기독교사회책임〉 단체 출범으로 인한 논쟁 △〈한겨레 21〉〈시사저널〉과 같은 일반 언론이 한국교회를 심층 분석하고 비판하는 일도 있었다.

그렇다. 2004년은 교회 안팎 모두가 혼돈, 갈등, 긴장, 논쟁의 회오리바람에 휩싸였다. 〈뉴스앤조이〉는 바로 이 현장에 있었고 혼돈, 갈등, 긴장, 논쟁의 현장에서 '하나님 보시기에 좋은' 우리 사회와 우리 교회의 '올제'를 그리며 당당하게 교회 안팎의 다사다난한 소식을 소명을 갖고 우리다운 목소리를 내며 보도했다.

우리를 비난하는 이들도 있었고, 시기하는 무리도 있었으며, 또한 걱정하는 분들도 있었다. 우리의 보도나 생각이 자기들의 생각과 다르거나 자기들의 이해와 상충된다 하여 비난하는 이들도 있었다. 우리가 하는 바를 하지 못하는 이들은 뒤에서 부러워하기도 하고 시기하기도 하였다. 우리를 아끼는 이들이 우리의 행보를 염려하고 걱정하였다.

그러나 우리는 우직하게 우리의 길을 걸어왔다. 세상의 도성 '예루살렘'의 기득권과 '예루살렘화된' 우리 교회의 기득권에 맞서 왔다. 우리가 이렇게 나선 것은 1세기 팔레스타인에서 일어난 '예수 운동'의 정신을 잇고자 한 우리의 믿음, 오직 그 믿음 때문이었다. 그래서 우리는 가난하고 초라하다. 그래서 우리는 '예루살렘'으로부터 비난받고 '예루살렘 사람들'에게 핍박받았다.

2005년 새해가 밝았다. 우리 〈뉴스앤조이〉는 지난해처럼 새해에도 계속 예루살렘과 맞설 것이고 '예루살렘화'를 조장하고 있는 우리 교회의 기득권 세력과 맞설 터다. 예루살렘 도성 안에서 으시대고 뽐내는 헤롯과 그 하수인들, 그들의 눈치를 보며 부귀를 누리는 대제사장과 장로들, 그리고 이들이 위엄 떨며 토해 내는 '세상의 가르침'과 '세상의 가치'를 우리는 그리스도의 가르침으로 받아들일 수가 없다. 교회를 출세의 터로, 교회를 장사치의 시장바닥으로, 교회를 친교의 마당으로 삼는 '예루살렘 성전' 안팎의 무리들과 우리는 짝할 수 없기 때문이다.

그래서 우리는 새해에도 '예수 운동'을 계속 펼칠 것이다. 가난하고 초라해도, 비난과 시기를 받아도 우리는 예루살렘과 짝하지 않을 것이다. 예루살렘과 맞선 예수처럼 우리도 예루살렘과 맞서 예수 운동을 펼칠 것이다. 이것이 이 시대 〈뉴스앤조이〉의 사명이며, 2005년 새해를 맞는 우리의 마음가짐이다.

새해를 맞아 우리는 세계 곳곳에서 뿌리를 내리고 있는 '뉴스앤조이 가족'과 더불어 더욱 간절하게 기도하며, 우리의 사명감을 다시 한번 새김질할 따름이다. 〈뉴스앤조이〉는 새해에도 예루살렘과 맞설 터다.

# 가시관의 예수, 금관의 예수
―황금면류관보다 가시면류관 쓴 예수를 섬겨야

'오적'의 시인 김지하가 금관을 쓴 예수를 그린 희곡을 쓴 적이 있다. 김지하는 이 땅의 교회들이 '가시면류관'을 쓰고 있어야 할 예수에게 '황금면류관'을 씌워 섬기고 있다고 꼬집었다. 1970년대 '유신'의 참혹한 현실에 스스로 눈을 감고 있었던 성직자들을 질타하기 위함이었다. 가시관을 쓴 참 예수를 섬기지 않고 참 예수를 가르치지 않으며, 참 예수처럼 삶을 꾸리지 않는 성직자들과 교회를 풍자한 희곡이었다.

이 희곡의 주제는 간단하다. 이 땅의 성직자들이 로마제국과 예루살렘으로 상징되는 세상 기득권세력에게 박해당하다가 끝내 십자가 위에서 처형당할 때 이 예수를 조롱하며 씌운 '가시면류관'을 잊고 있다는 현실을 고발하고 있다.

예수는 '예루살렘의 질서'가 아니라 이와는 너무나 다른 '하나님의 나라'의 가치와 법도를 선포한다고 해서 갖은 고초를 다 당하고, 모멸과 질시, 박해를 받다가 십자가 위에서 처형을 당했다. 예루살렘을 거점으로 온갖 특권을 누리던 유대의 지도자들과 로마의 식민세력은 그것도 부족해 창으로 옆구리를 찌르고 손과 발에 못을 박았으며, 머리에 '가시면류관'을 씌웠던 것이다. 그러니까 가시면류관은 고난, 고통, 모욕, 능욕, 박해로 가득 찬 예수의 삶의 상징이요, 영광, 부귀, 뽐냄과 으스댐, 앞섬과 위에 오름을 중히 여기는 '세상나라'의 가르침과 반대되는 종 됨, 청빈과 검소, 겸손과 낮춤, 섬김의 질서인 '하나님 나라'에 대한 예수의 가르침, 이에 대한 비웃음의 상징이었던 것이다. 그런데 예수를 믿는다는 이들의 공동체인 교회에서 이 가시면류관을 쓰신 예수를 버리고 황금면류관을 쓴 예수를 모셔놓고 섬기고 있다는 것이다.

김지하의 말대로 오늘날 이 땅의 교회들이 과연 황금면류관을 쓴 예수를 섬기고 있는가. 그렇게 볼 수도 있겠다. 강단에서 흘러나오는 설교의 내용이 모두 이 세상에서의 출세와 성공에 관한 것이고, 남보다 더 잘 살고 남보다 더 앞서 나가고 남들 위에 앉는 '지혜'에 관한 것이다. 그러니까 강단 아래서도 내 자식이 남보다 앞서 위에 앉을 수 있는 '길'이 되는 그런 대학에 들어갈 수 있도록 기도하고 '소원 헌금'을 하고 있다.

이러한 교회에서는 김지하의 말대로 이 세상에 살고 있으나 이 세상 삶의 질서에 속하지 말고 '하나님의 나라'를 가르친 그 예수는 없다. 이 땅의 교회에서는 이 세상에서 귀하게 여기는 '은'과 '금' 그리고 '루비'를 주는 '금관의 예수'는 있으나 겸손의 힘, 섬김의 지혜를 가르친 '종이 된 예수'도 없고 '하나님의 나라'를 선포하다 죽어간 '가시면류관의 예수'도 없다.

김지하보다 우리를 더욱 우울하게 하는 것은 이 땅의 교회에서는 '금관을 쓴 예수'도 없다는 점이다. 예수에게 황금의 면류관을 만들어 드린다면, 이것도 바람직하지는 않지만, 그래도 이러한 행위에는 '모든 영광을 예수'께 드리려는 '순수함'을 읽기에 다행이라고 할 수 있다.

우리가 보는 이 땅의 교회에서는 황금면류관을 만들어 예수에게 씌우는 모습도 없다. 오늘의 교회에서는 황금면류관을 교회

지도자들이 쓰고 있는 것 같다. 오늘의 교회지도들은 가시면류관을 쓰고자 하지 않는다. 황금면류관을 만들어 예수에게 씌우려고 하지도 않는다. 황금면류관을 만들어 자기네들이 쓰고 있다.

언제 예수가 감투를 쓰려고 돈 봉투를 돌린 적이 있는가. 언제 예수가 로마제국지도자들과 예루살렘의 유대교 지도자들과 호화호텔에서 기도회를 가진 적이 있는가. 언제 예수가 외제차를 타고 골프장에 드나들었는가. 언제 예수가 호텔 고급식당에서 식사 한 끼 드신 적이 있는가. 언제 예수가 웅장한 교회 건물에서 '하나님의 나라'를 가르친 적이 있는가. 언제 예수가 제자들의 장래를 위해 '은급재단'을 만들어 '납골당'이니 '주식투자'니 하는 사업을 한 적이 있는가. 언제 예수가 수련원이다 수양관이다 하며 산천을 마구 훼손하며 '부동산'을 보러 다닌 적이 있는가.

오래 전 읽은 김지하의 글을 되새기며 오늘의 우리 교회를 바라보는 마음 정말 우울하다.

# 생수가 솟아나는 샘물이 되자
## -'헤롯의 세상' 가치 추구하는 교회…세상과 교회 구별 없어

한국교회의 부정적인 특성 세 가지를 들라면, △천박한 물량주의 △이기적인 기복신앙 △전투적 반공주의를 꼽을 수 있다. 이것들은 한국 기독교인들이 이 땅에서 여러 종교적·문화적·사회적·정치적 경험을 하면서 가지게 된 신앙양태다.

특히 1960, 70년대의 개발시대에 기독교도 '개발과 성장'을 교회 안으로 갖고 들어와 이것들을 섬기기 시작하였다. 강남 개발의 바람과 더불어 대형교회들이 강남 이곳저곳에 들어선 것도 이 즈음이다. 이로 인해 교회 안에 물량주의가 넘쳐났다.

이렇게 '내 교회'만의 성장과 확장을 해가면서 교회는 '빛과 소금'의 역할을 전혀 하지 못했다. '예수'나 '예수 가르침'은 없고 세상의 가치와 가르침이 교회에 가득 찬 까닭이다. 옥한흠 목사도 최근 열린 한목협 수련회에서 "복음 없는 설교가 많다"고 지적한 바 있다. 세상이 추구하는 가치나 질서가 교회 안으로 고스란히 들어왔다. 그 자리에 '예수'나 '예수의 가르침'이 함께 할 수 없게 되었다. 이로써 예수 공동체라는 교회와 세속사회를 전혀 구별할 수 없게 되었다. 예수 믿는 이들은 이 세상에 살고 있으나 하나님나라의 시민으로서 그 나라의 법도대로 살아야 한다. 그런데 자꾸 예수쟁이들은 구별되지 않는 삶, 긴장 없는 삶을 꾸리고 있는 것이다.

대형교회들은 세상 기업처럼 운영되고 세상 기업처럼 대를 이어 자식에게 넘겨진다. 세상 기업은 그래도 세상의 법에 따라 정부와 여러 기관의 간섭과 감시를 받는다. 그러나 교회는 그러한 간섭과 감시로부터 자유롭다. 그야말로 자기네 마음대로 운영하고 세습한다. 거대한 기업을, 엄청난 재산을 남에게 줄 수 없다는 듯이 말이다.

많은 목사들은 교회의 돈을 마음대로 쓴다. 교회 돈으로 호텔에 가고 교회 돈으로 고급 승용차를 타고 다니며 교회 돈으로 골프도 친다. 문제가 되면 교회 재정 장부를 파기하기도 하고, 필요하면 교회 돈으로 부동산에 투자도 맘대로 한다. 교회에서 목사들은 '예수'같이 섬김을 받는다. 예수는 한 번도 섬김을 받지 못하고 오는 순간부터 하늘에 오르는 순간까지 섬김의 삶을 꾸리었는데도 말이다.

교회 지도자만 문제가 있는 것이 아니다. 교인들도 문제다. '하나님나라'의 가치를 추구하지 않고 '헤롯의 세상' 가치를 추구하는 무리가 되었다. '하나님나라'를 얻는 것이 복이라 생각지 않고 '헤롯의 세상'에서의 출세와 부, 명예 그리고 권력을 축복이라 믿는다. 그래서 좋은 대학에 자녀가 입학하도록 기도하고 헌금하고 입학하면 감사헌금도 한다. 세상 사람들이 나무 아래 물 떠다 놓고 아들 딸 좋은 대학 입학하도록 기도하는 것처럼 말이다. 예수를 믿는 정치인이나 예수를 믿지 않는 정치인이나 도덕적으로 다를 바가 없다. 기독교대학의 교수나 아닌 교수 역시 전혀 다름이 없다.

교회 안 세상과 교회 밖 세상이 구분되지 않는다. 둘 사이에는 아무런 긴장이 없다. 이렇게 된 교회는 역동성을 가지지 못한다. 사회에 대한 윤리적 발언도 못한다. 아무도 교회의 발언에 귀를 기울이지 않기 때문이다. 하지만 우리는 기독교의 갱신을 이야기해야 한다. 그것은 기독교가 이 땅에서 할 일이 있기 때문이다. 강원룡 목사는 한목협 수련회에서 "모든 것이 다 썩은 것 같지만, 그 밑에는 생명의 생수가 흐른다. 우리는 행수가 솟아나는 샘물이 되어야 한다. 하나님이 주시는 이 소망을 붙잡아야 한다"고 했다. 우리 이제 위기 속에서 기회를, 절망 속에서 희망을 얘기하자.

보수적이고 반공적인 한국기독교는 반공을 '국시'로 삼은 남한 정부와 친화적 관계를 맺게 된다. 이승만의 권위주의적 정권, 박정희·전두환·노태우로 이어지는 군사정권은 반공적이고 친정권적인 보수파들의 활동을 적극적으로 돕고, 이에 보답이라도 하듯이 보수파 교회들은 공산주의자들이 그리스도의 진정한 적이고 공산주의와 싸우는 정권은 하나님의 뜻에 따라 세워졌다고 적극적으로 지지하고 나섰다. '연례국가조찬기도회'에서 정치지도자들과 기독교지도자들이 고급호텔에 모여 독재정권을 위해 기도하고 설교한 것은 너무도 잘 알려진 행사다.

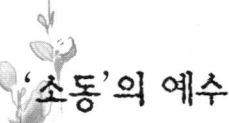
# '소동'의 예수
- '소동'의 참뜻을 교회가 깨달아야 합니다

저는 작은 교회에 다닙니다. 이 교회에서 영어예배를 인도하며 주일마다 영어설교를 합니다. 한 15~20명 참석합니다. 이 프로그램을 한 지도 벌써 2년이 넘었습니다.

저에게 이 영어예배는 일주일 내내 저를 무겁게 합니다. 오랫동안 미국대학에서 교수로 있었으니 영어가 부담이 되는 것은 아닙니다. 신학을 공부하지 않은 제가 주일마다 영어로 설교를 해야 하기 때문입니다. 그래서 매일 읽는 성경도 꼼꼼히 읽게 되었습니다. 입시를 앞둔 수험생처럼 성경을 읽습니다.

그런데 이번 겨울, 성경을 읽다가 깜짝 놀랐습니다. 성경에 나타난 예수의 이미지가 '소동'이었기 때문입니다. 예수님이 이 땅에 오신 것을 적은 '탄생의 기사'에도 그렇게 서술되었고, 예수님이 십자가에 돌아가시기 전 예루살렘으로 입성하시는 장면에서도 그렇게 기술되었습니다.

동방에서 별 따라 온 박사들이 예루살렘에 도착하여 "유대인의 왕으로 나신 이가 어디 계시뇨. 우리가 동방에서 그의 별을 보고 그에게 경배하러 왔노라"고 하였습니다. 그때 "헤롯왕과 온 예루살렘이 듣고 소동"(When King Herod heard this he was disturbed, and all Jerusalem with him)하였다고 기록되어 있습니다. 예수 오심이 예루살렘을 소동시킨 것입니다.

예수님이 십자가에서 죽으심을 당하시기 전에 제자들과 예루살렘에 입성하는 장면에서도 예수님의 모습이 '소동'과 이어져 있습니다. 나귀를 타시고 예루살렘에 들어가시니 "온 성이 소동하여"(When Jesus entered Jerusalem, the whole city was stirred)라고 기록되어 있습니다. 오실 때는 '헤롯왕과 온 예루살렘'이 소동하였고, 가실 때는 예루살렘 '온 성'이 소동하였습니다.

이 '소동'의 예수님을 두고 저는 올 겨울 내내 기도하며 명상하였습니다. 저는 바로 예수님의 이 '소동의 모습'을 이 땅의 교회가 가져야한다고 깨닫게 되었습니다. 여기저기서 교회의 갱신이니 개혁이니 말이 많습니다. 이렇게 해야 교회가 갱신되고 저렇게 하여야 교회가 개혁된다고 목청을 돋웁니다. 목사들이 반성하여야 한다, 장로들이 바뀌어야 한다, 아니 교인들이 먼저 변해야 한다고 소리칩니다. 그러나 저는 바로 '소동'의 예수, 그 참 뜻을 우리 교회가, 우리 목사님들이, 우리 장로님들이, 아니 나와 같은 평신도 들이 깨달아야 이 땅의 교회가 참 교회로 다시 모습을 갖게 될 것이라고 생각합니다.

'소동'의 예수 모습에서 저는 예수가 예루살렘과 짝하지 않는, 이 세상과 짝하지 않은 '하나님의 아들'을 읽습니다. 여기에서 예루살렘이 외쳐대는, 이 세상이 외쳐대는 가르침과는 전혀 다른 하나님의 나라의 가치와 법도를 '귀 있는 자는 들을 찌어다'라고 외롭게 외치시는 예수님을 그리게 됩니다. 여기에서 세상 질서와 타협하고 거기에 안주하려는 세력과 세상 질서를 질타하고, 하나님나라의 가치로 뒤바꾸려 했던 예수님의 모습을 읽습니다.

이 땅의 교회가 참 교회가 되기 위해서는 바로 '예루살렘'을 '소동' 시킨 그 '예수'를 우리 교회가 펼쳐야 합니다. 새해 첫 달을 보낸 이 땅의 교회들에게 드리고 싶은 소박한, 그러나 간절한 소망입니다.

# 상실의 신앙
―마태복음 16장 21~26절

    1960년대 미국은 월남전을 반대하는 이른바 반전운동, 마틴 루터 킹 목사를 주축으로 한 민권운동, 그리고 기존의 문화에 대항한 반문화운동으로 휘청거리고 있었다. 도덕적 정당성이 없어 보이는 월남전을 벌이다 결국 "패배"한 미국, 미국 사람들은 그들 나라에 대한 믿음을 상실하였다. 미국사람들은 그들의 정치 지도자들, 지식인들을 하찮게 여기게 되었다. 미국 바탕이 흔들리고 있었던 것이다. 오랫동안 천대받아온 흑인과 유대인이 손잡고 인종차별의 미국제도, 미국사회, 미국교회를 고쳐잡겠다는 시위가 매일 일어났으며, 대학생과 젊은이들은 여태까지 미국을 지탱해온 가치, 제도, 문화에 신물이 난다며 긴머리에 청바지, 그리고 마리화나로 상징되는 반문화운동의 소용돌이 속에 빠져

들고 있었다.

　많은 지식인들은 이 시대를 "신앙을 상실한 시대"라고 했다. 기존 가치, 신념, 제도에 대한 신앙을 상실했고, 기존의 종교적 가르침에 대한 믿음을 잃어 버렸으며, 젊은이들은 어버이 세대에 대한 신뢰, 어버이들은 아이들 세대 다한 믿음을 찾을 수 없고, 정치 지도자와 정치 제도에 대한 존경과 신뢰를 저버린, 바로 그런 시대라는 말이다. 1960년대 미국이 보여주는 숱한 시위, 갈등, 냉소, 무기력은 바로 미국 사람들이 이러한 옛것에 대한 신앙을 상실했기 때문에 나타난 것이라고 많은 지식인들은 진단하였다.

　미국의 대표적 지성인으로 어떤 사회학자의 진단은 이들과 달랐다. 1960년대 미국이 겪고 있던 여러 문제들이 신앙을 상실했기 때문에 생겨난 것이 아니라 "상실의 신앙", "상실에의 신앙"이 없어서 생겨났다고 기염을 토했다. 미국이 세계를 주름잡아야 한다는 미국 우월신앙을 저버리지 못한 미국인들이 월남전 참전을 불렀고 또 "패배"를 심리적으로 받아들이지 못하고 있다고 벨라는 암시하고 있다. 사실 미국 우월에의 신앙, 백인우월의 신앙, 돈, 명예, 권력에의 신앙 때문에 미국은 소용돌이에 빠지게 되었다.

이러한 미국, 미국사람들에게 "신앙의 상실'을 요구한다. 백인 우월의 신앙을 내팽개칠 때 인종 차별의 제도와 문화가 사라질 것이고, 미국우월의 신앙을 저버릴 때, 돈이나 명예와 권력에 둔 신앙을 포기할 때 다른 나라, 다른 나라사람들, 그리고 이웃들과의 관계가 새롭게 정리 될 수 있는 것이다. 인간이 만든 잘못된 여러 것에 대한 신앙을 저버릴 때, 아니 자기가 갖고 있는 모든 것을 저버릴 때 그래서 무(無)의 경지에 이를 때 새로운 나, 새로운 미국, 새로운 사회가 도래할 가능성을 가지게 된다. 옛것에 대한 신앙을 내동댕이 치고 새로운 존재로 거듭나는 것, 바로 이것을 기독교는 회개라고 부르는 것이다. 성경에 부자가 천국에 들어가기란 낙타가 바늘귀로 들어가는 것보다 어렵다고 했다. 누구든지 새롭게 되고자 한다면, 낙타이기를 포기할 때, 즉 거추장스러운 돈에 대한 신앙, 명예나 권력에 대한 신앙을 저버릴 때 가능하다.

이러한 "상실의 신앙"을 가질 때 돈, 명예, 권력을 넘어설 수 있고, 오만한 나에 대한 신앙을 저버릴 때 새로운 나로 거듭나는 것이다. 새로운 나는 옛 나에 대한 신앙을 저버릴 때, 새 세상은 옛 세상에 대한 신앙을 내동댕이칠 때 나타나는 것이다. "신앙의 상실"이 문제가 아니라 "상실의 신앙"이 필요한 것이다. 1960년 대 미국만 그것이 필요한 것이 아니라 오늘을 살고 있는 우리 모두에게 바로 이 "상실의 신앙"이 필요하다.

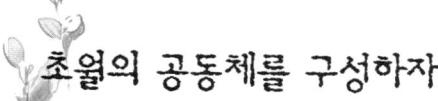
# 초월의 공동체를 구성하자
- 시대를 살아가는 기독인의 자세

    요즈음 우리 사회에서 일어나고 있는 일들을 보노라면 마음이 우울하고 허탈하다. 자기 동네에 화장터나 쓰레기 소각장을 만들지 말라는 지역 주민의 구호가 시끄럽다.

    노동자들의 파업투쟁이 요란하고 대학생들의 총장실 점거가 연중행사가 되고 있다. 국민건강을 위한다며 약사들과 의사들이 머리띠를 둘러매고 구호를 외쳐댄다. 그래서 우리의 논객들은 집단 이기주의로 우리 사회가 무너져가고 있다고 입을 모으고 있다.

    누가, 어떻게 우리 사회를 허물고 있는 이 집단이기주의의 첨예한 대립을 해결할 것인가. 정치가들과 정부가 거대한 공권력을 동원하지만 집단 사이의 갈등, 대결, 그리고 분쟁을 해결하지 못한다. 이들이 오히려 이런 갈등을 부추기고 있음을 지난 역사가 일러주고 있다. 이는 이들이 자기를, 자기 계급을, 그리고 자기가 속한 집단이나 지방의 울타리를 극복하거나 벗어나지 못했기 때문이다.

그래서 체코슬로바키아의 공산 독재를 무너뜨리고 민주정부를 세운 시인이고 극작가이자 철학자인 바클라브 하벨(Vaclav Havel)은 자기의 계급, 자기의 지방, 자기가 속한 집단을 초월하는 자만이 인류사회의 첨예한 갈등을 해결할 수 있다고 선언한 적이 있다.

하벨은 1994년 미국 독립기념일에 필라델피아에서 '자유의 메달'을 받으며 행한 연설에서, 인류의 종말을 가져올지도 모를 위험천만한 여러 갈등과 대결을 극복할 수 있는 사람들은 자기가 속한 집단, 지방, 계급, 그리고 신분을 초월하는 사람, 다시 말해서 초월의 가치, 초월의 존재에 대한 믿음의 사람이라고 말했다.

"인간은 자유를 준 존재를 잊지 않을 때 자유를 실현할 수 있다"라고 하벨은 말한다.

즉, 자유다 평화다 평등이다 하는 가치들은 어느 편에 속해 제한적이고 파당적인 자유, 평화, 평등을 넘어서는 오직 이런 것들을 '인간 모두'에게 주었다는 궁극적 가치, 초월적 존재에 대한 믿음을 가진 이들만이 여러 갈등들을 해결할 수 있다고 하벨은 시사하고 있는 것이다. 이들만이 자기의 자유, 자기 계급의 이해, 자기 집단만의 평화를 넘어서서 모두의 자유, 모두의 평등, 모두의 평화를 지향할 수 있다는 말이다.

이것은 그리스도인들에 커다란 시사점을 보여준다. 왜냐하면 그리스도인들은 초월자, 하나님을 믿어 자기를 초월하고 자기가 속한 계급, 집단, 지방을 초월할 수 있는 자들이며, 그리스도인들은 다른 계급, 다른 집단, 다른 지방, 다른 신분을 함께 동등하고 생각할 수 있는 신앙을 지닌 이들이기 때문이다.

예수는 부자만의 예수도, 가난한 자만의 예수도 아니다. 하나님은 미국만의 하나님도 중국만의 하나님도 아니다. 예수는 경상도 사람들만의 예수도, 전라도 사람들만의 예수도 아니다. 하나님은 모두의 하나님이고 예수는 모두의 예수이며 기독교는 모두의 종교이다. 이런 뜻에서 예수를 믿는다는 것은 이런 세상적, 인간이 만든 계급, 집단, 지방, 국가를 초월한다는 것이다. 이들에게서 우리는 희망을 찾는 것이다.

그러나 문제는 불행하게도 우리의 기독교가 이런 초월적 신앙의 공동체의 모습을 제대로 보여주지 못하고 있다는데 있다. 이론적으로 초월자 하나님, 모두의 예수를 믿는 초월적 신앙의 공동체이지만 오늘 그리스도인들의 신앙 행태를 볼 때 기독교가 신앙 공동체라고 우리는 자신 있게 말할 수 없다.

오늘의 그리스도인들은 나의 이해, 나의 계급, 나의 교회, 나의 지방, 나의 집단의 울타리를 넘어서지 못하고 있기 때문이다. 하나님의 교회, 그래서 모두의 교회이어야 하는 교회는 세상적 울타리를 초월하지 못하고 있다.

우리 사회에 팽배한 지역감정, 지역이기주의와 집단이기주의의 갈등을 보면서 초월적 신앙공동체, 기독교를 생각하게 된다.

우리의 기독교가 초월적 존재, 하나님에 대한 신앙을 상실해 가고 있지 않는가. 다시 한 번 자기 성찰적 질문을 던져 본다. 이 질문에 어떻게 응답하는가 하는 것은 오늘을 사는 우리 그리스도인 모두의 몫이다.

# '하나님나라'만 이야기 하겠습니다
— 신임편집인 박정신 교수 취임사… 〈뉴스앤조이〉가 나아갈 세 가지 방향

〈뉴스앤조이〉는 어려운 시기에 태어났습니다. 교회 밖에서는 전지구적 변화의 소용돌이에서 개혁의 열기가 뜨거울 때, 교회 안에서는 아무런 일 없다는듯 깊은 잠을 자고 있었습니다. 〈뉴스앤조이〉는 이 잠을 깨우고자 했습니다. 단잠을 깨우는 '심술쟁이'라고 비판하는 이들도 있지만, 저희는 그것이 이 시대에 주신 하나님의 사명이라고 믿고 힘차게 지금까지 왔습니다. 여기저기에서 이따금 나오던 교회 갱신과 개혁의 외로운 '광야의 소리'가 모이게 되었습니다. 이제 〈뉴스앤조이〉는 한국교회의 개혁과 갱생의 보금자리로 자리매김하게 되었습니다.

앞으로도 이 광야의 길을 가면서 개혁과 갱생의 소리를 더욱

세차게 외칠 것입니다. 그래서 〈뉴스앤조이〉의 목소리가 '한국 교회'의 담장을 넘어 우리 사회에 울리도록 하겠습니다. 교회의 갱신은 사회의 개혁을 견인하고, 사회의 개혁은 교회의 혁신과 깊게 이어져 있다고 믿기 때문입니다. 전체 인구 4분의 1이 기독교인입니다. 기독교인, 이들의 공동체인 교회가 예수 그리스도의 지체로서 거듭난다면 우리 사회도 그만큼 새로워집니다. 우리의 정치도, 우리의 문화도, 우리의 교육도, 기독교인과 그들의 공동체인 교회가 예수 그리스도가 바라는 공동체로 새로워집니다.

바로 이러한 믿음으로 저희 〈뉴스앤조이〉는 다음과 같이 마음을 다잡습니다.

첫째, 그리스도의 '초월성'을 강조하고자 합니다. 그리스도는 교파를 초월하고 신학을 초월합니다. 지역과 국가를 초월하고 인종을 초월하며 신분과 계급도 초월하고 이념도 초월하신 분입니다. 여기 한국에도 계시나 미국에도 계시는 분, 어제도 계시고 오늘도 계시나 영원히 계시는 분입니다. 호남에도 계시고 영남에도 계시며 남한에도 계시며 북한에도 계시는 분입니다.

'인간이 만든 것' 모두를 초월하시고 계시는 분입니다. 그래서 저희 〈뉴스앤조이〉는 한국교회 안팎에 깊이 뿌리내린 '인간이 만든 경계'를 모두 넘어서 초월하고 계시는 그리스도를 사모하고자 합니다. 한국교회에 독버섯처럼 자라고 있는 계급성, 남여차별, 지역성 그리고 세상의 이념을 넘고자 할 것입니다.

둘째, 그리스도의 '겸손'을 이야기하고자 할 것입니다. 가장 높으신 하나님이신 예수께서 가장 낮은 가난한 목수의 아들로 이 세상에 오시어 제자들의 발을 씻기시며 '종 됨'을 몸소 보여주셨습니다. 섬김을 받으려고 오신 것이 아니라 섬기려 오셨습니다. 이 세상에서 권력자가 되고 부자가 되어 뻐기고 거드름을 피우며 군림하시려고 오신 것이 아니라, 가난하고 조롱받고 힘없는 이들을 겸손히 섬기려 오셨습니다. 그래서 저희 〈뉴스앤조이〉는 교회 안팎에 널리 퍼진 세상의 '경쟁과 이김의 문화'와 '앞섬과 군림의 가르침'을 비판하고 종 됨과 섬김의 그리스도를 사모할 것입니다. 한국사회와 교회의 질병 가운데 하나인 '경쟁, 이김, 앞섬 그리고 군림'의 가르침을 넘어서고자 합니다.

셋째, '하나님 나라'를 선포할 것입니다. 이 세상 나라의 가치와 법도가 우리 교회 안으로 들어와 우리 교회가 세상의 가치와 법이 지배하는 공동체가 되었습니다. 기독교인들은 이 세상에 있으나 하늘나라의 시민으로 살겠다고 고백한 이들이고, 이들의 공동체인 교회는 세상의 가치나 법도가 아니라 하늘나라의 가치와 법도대로 운영되어야 합니다.

예루살렘을 외면하고 베들레헴을 택하여 오신 예수는 하늘나라에 올라가시기까지 하나님의 나라와 그 나라의 가치와 법도를 가르쳤습니다. 그래서 〈뉴스앤조이〉는 이 세상의 가치, 이 세상의 성공, 이 세상의 법도를 이야기하지 않겠습니다. 오로지 '하나님의 나라' 그 가치를, 그 법도를 이야기하겠습니다.

이렇게 다잡은 저희 〈뉴스앤조이〉를 더욱 사랑해 주시고 기도해 주십시오.

# 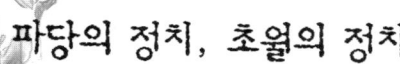마당의 정치, 초월의 정치
―하나님나라는 흑백의 나라가 아니다

    2004년 11월 2일 미국대사관에서 한 통의 전화를 받았습니다. 다음 날 아침 10시부터 신임 주한 미국대사와 함께 미국대통령선거 결과 방송을 보자는 초청 전화였습니다. 우리의 대통령 선거도 아닌데 왜 나를 비롯해서 몇몇 교수와 저널리스트들을 초청하였는지 의아했지만 '외교적 초청'에 저도 '외교적 참석'으로 응하기로 마음먹고 다음날 약속장소인 미국정보센터로 갔습니다.

    신임 크리스토퍼 힐 대사는 직업외교관이었습니다. 그와 대사관 직원들은 간단한 아침 식사를 마련하였고 두 개의 큰 텔레비전을 설치하였습니다. 오랜 세월 미국에서 살아온 저는 이름 모를 교수, 저널리스트들과 인사를 나눈 뒤 그곳에 온 미국외교관들과 더불어 환담을 나누며 함께 미국대통령선거 결과를 주목했습니다.

제가 그곳에서 느낀 것은 우리 사회와 마찬가지로 미국도 '파당적'이라는 사실입니다. 그곳에 참석한 미국 사람들이나 한국 사람들이 모두 파당적이었습니다. 부시 지지파와 케리 지지파가 외교적인 겉치레를 했으나 자기가 지지하는 후보가 앞서면 열광했고 뒤지면 낙담하였습니다. 자신이 앞서고 뒤지는 것처럼, 자신들의 삶이 종말을 고하듯이 말입니다.

그렇습니다. 인간은 불완전하여 파당적입니다. 이 파당적 정치행태는 서양사회나 동양사회에서 공통으로 나타납니다. 이 세상질서는 이 파당성에 뿌리를 두고 있습니다. 보수와 진보, 영남과 호남, 친미와 반미도 다 인간이 파당적이라는 속성을 가지고 있는 것을 밝히 보여줍니다. 그래서 사회는 늘 갈등합니다. 그래서 우리의 정치판은 '상생'한다며 '상쟁'하고 있는 것입니다. 가족, 친구, 선배와 후배가 서로 반대편에서 목소리를 높이다가 얼굴을 붉히게 되는 것이 바로 인간의 파당성, 이 세상의 파당성 때문입니다.

교회도 마찬가지입니다. 이 세상의 파당성이 그대로 교회에서도 나타납니다. 국가보안법, 사립학교법, 신행정수도건설, 심지어는 미국대통령 후보에 대한 지지와 반대 등 이 땅의 파당성이 교회에도 그대로 들어와 우리의 신앙공동체를 파당의 공동체로 만들었습니다.

목사와 장로, 연로한 교인들과 젊은 신도들 사이에 파당적 갈등을 보인 것은 오늘의 현상이 아닙니다. 일제시대나 군사독재시대에도 있었던 일입니다. 이를 당연한 것으로 받아들이고 교파를 따로 만들어 연합기관을 따로 조직한 것도 우리 안에 들어온 이 세상의 파당성 때문입니다. 이 파당성은 세상에 속한 것이지 하나님나라에 속한 것이 아닙니다.

이제 우리 안에 스며든 이 세상의 파당성, 교회에 들어와 앉은 이 세상질서에 속한 파당성을 과감하게 극복해야 합니다. 초월의 하나님은 이 세상의 파당성을 인정하지 않습니다. 백인만의 하나님이거나 흑인만의 하나님이 아닌 흑백 모두의 하나님입니다. 보수만의 하나님이거나 진보만의 하나님이 아닌 보수와 진보, 모두의 하나님입니다.

우리의 파당성에 초월의 하나님을 제한하려는 보수의 설교나 진보의 신학적 노력도 모두 '비기독교적'인 것입니다. 우리는 우리의 바람이나 입장에 초월의 하나님을 끌어들이는 파당적 행동을 끝내야합니다. 우리는 이제 우리의 바람이나 입장이 이 초월의 하나님의 가르침에 합당한 것인가 기도하며 물을 때입니다.

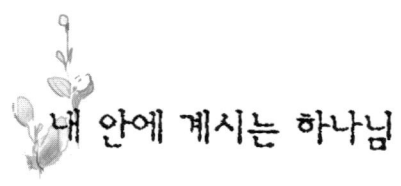
# 내 안에 계시는 하나님

　기독교 집안에 태어나 기독교 대학에 들어올 때까지 나는 하나님의 존재에 대하여 의심을 하거나 질문을 던져 보지 않았다. 어머니 무릎을 베고 듣거나 주일학교 때 들은 '하늘에 계시는 하나님', '하늘 저 편 어디엔가 계시는 하나님', '저 위에 어느 곳에서 우주만물을 관장하시는 하나님'을 나는 무조건 믿고 있었던 것이다. 동화에서 나오는 신비스런 어떤 인자한, 그러나 멀리 떨어져 있기만 한 그런 존재로 기억되었다.

　그러던 어느날 종로의 한 서점에서 〈신에게 솔직히〉 *Honest to God*를 만나게 된다. 영국 울위치의 주교 존 로빈슨(John Robinson)이 1963년에 내어놓은 작은 책을 1968년에 우리말로 옮겨 나왔는데 나는 이 번역서를 읽으며 충격, 그렇다 큰 충격을 받았다.

로빈슨은 그에 앞서 기독교와 세계 지성계를 강타한 폴 틸리히의 〈흔들리는 터전〉 *The Shaking of the Foundation*, 디트리히 본회퍼의 〈옥중서신〉 *Letters and Papers from Prison*, 루돌프 불트만의 〈신약성서와 신화〉 *New Testament and Mythology*를 다시 음미하면서 '솔직히' 신을 이야기 하고 그 신 앞에 '솔직히' 삶을 꾸리라고 이 작은 책에서 우리에게 가슴으로 일러주고 있다.

이를 테면, 틸리히가 저 밖에 있는 타자로서의 신 대신에 궁극적 존재인 신은 우리 삶의 깊은 곳에 존재하는 궁극적으로 실재하는 신, 존재에 대한 새로운 인식, 본회퍼의 '종교없는 종교', 다시 말해서 '종교라는 조건없는 기독교'의 깊은 뜻, 그리고 불트만의 신을 설명하고 복음을 이해할 때 사용된 옛 신화적 요소를 내버리고 참 신, 참 복음의 뜻을 되새기자는 주장을 종합하면서 신이 '저 위에', '저 밖에', '세상 위에' 또는 '그 너머에' 존재한다는 나의 믿음을 이 책은 밑바닥부터 흔들어 놓았다.

로빈슨은 이 세상 위에, 이 세상 너머 또는 밖에 피조물의 세계와 병행하거나 대립되어 스스로 존재한다는 신에 대한 옛 생각을 '풍자적 만화'이지 기독교적인 생각이 아니라고 말한다. 신은 오히려 '우리의 삶의 중심 안에서 그 피안에 있다' 그리고 '신과의 올바른 관계는 조금도 종교적인 것에 달려 있는 것이 아니라 오히려 종교는 올바른 신과의 관계에 큰 장애물이 될 수 있다'고 로빈슨은 말한다.

조직화된 종교가 교리, 율법의 울타리 안에서 그려놓은 '저 위에' 있는 존재의 신은 이미 지나간 세대의 사고방식의 틀에 박힌 하나의 '우상'이 되었다고 그는 말한다. 우상타파의 종교인 기독교는 신 자신이 아니라 신에 관한 하나의 이미지에 지나지 않는 이러한 우상화된 생각을 끊임없이 타파하여야 한다고 로빈슨은 주장한다.

복음을 위해 율법을 버리는 것처럼, 조직화된 종교가 만들어낸 신에 대한 이미지, 특히 저 위에, 저 밖에 계신다는 이미지를 무의미한 것으로 우리가 포기할 때, 우리 삶 깊은 곳에 궁극적 실재로 계시는 그 신을 만날 수 있게 된다는 말이다. 저 위가 아니라 이곳에, 저밖이 아니라 우리 삶 한가운데 존재하는 신, 바로 그 신을!

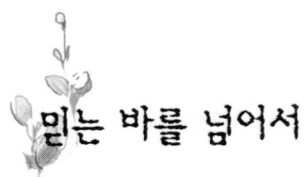
# 믿는 바를 넘어서

미국에서 오래 살았습니다. 그곳에서 공부하고 그곳 학생들에게 역사를 가르치다가 몇 해 전에 이 땅에 돌아왔습니다. 이곳에 돌아와 제일 먼저 들린 곳이 서점이었습니다. 이곳에서 학생들을 가르치고 우리글로 글을 쓰기 위함이었습니다. 기독교인이고 또한 한국역사, 그 가운데서 '기독교의 역사'를 전공분야로 하는 나는 당연히 우리의 종교 그리고 기독교관계 서가 앞에 섰습니다. 그 이후에도 한달에 한두 차례 서점을 들려 역사와 종교관계 서적들을 살펴봅니다.

서점을 다니면서 저는 한국기독교의 위기를 느끼게 되고 우울증에 빠지게 되었습니다. 아니 우리의 기독교공동체에 분노를 가지게 되었습니다. 기독교 관계 서적의 대부분은 치열하게 진리를 찾는 학술서도 아니고 말씀에 터한 깊은 명상과 사색으로 쓰인 글들이 아니었습니다. 진실로 '진부한' 설교라는 이름으로 낸 책들이었습니다. 목사들이 책을 출판했다고 교인들에게 자랑하려고 만든 것이 대부분이었습니다. 책을 위한 책들이었습니다. 그렇기에 일반사람들은 물론 기독교인들조차도 이러한 책들을 스쳐지나갑니다. 이들은 불교 스님들이나 천주교 수녀님들의 글을 찾아갑니다. 그만큼 기독교관련 서적은 이들의 지적 궁핍함을 채워주지도 못하고 이들의 영적 공허함을 메워주지 못하기 때문입니다.

이런 터에 홍성사에서 유성오 님의 '변해야 변한다'는 책 원고를 보내 주었습니다. 나는 이 책 원고를 읽으며 아직도 우리의 기독교에 희망이 있다는 생각을 하게 되었습니다. 우리 기독교 공동체에 가진 나의 분노도 가라앉고 그리고 나의 우울증도 사라졌습니다. 이 책이야말로 '말씀'에 터한 치열한 지적 고민, 그리고 깊은 명상과 사색으로 걸러진 글들로 이루어졌습니다. 진리에 대한 타는 목마름을 적셔주고 지적으로 궁핍하고 영적으로 곤궁한 마음을 채워주는 글들입니다. 유성오 님의 글들은 일반사람들의 사랑을 받을 수 있는 글들입니다. 우리 기독교 공동체에 이러한 지성이 있다는 것이 자랑스럽습니다.

　이 책은 나의 생각, 나의 이념, 나의 신학, 나의 습관이라는 '좁은 믿음'에 갇혀 노예가 된 이들에게 그 '좁은 믿음'을 넘어서 '더 넓고 높은 믿음'으로 향하라는 '엑소더스'(해방)의 글들로 채워졌습니다. 내가 '믿는 바'를 절대화시키는 우리 기독교 공동체를 향해 질러대는 외로운 광야의 소리입니다. '불완전한 나'를, 내가 '믿는 바'를 우상화하는 우리 기독교 지도자들을 향해 내려치는 모세의 분노입니다. '하나님의 나라의 것들'을 가르쳐야하는 교회가 '세상 것들'을 가르치고 있다고 고발하는 교회개혁의 깃발입니다. 교회 울타리 안에 있는 사람들만의 '끼리끼리의 공동체'가 된 우리 기독교를 향해 그 울타리를 넘어 '낯선 이웃들'을 향해 다가가라는 참 사랑의 메시지입니다. 이 세상에서 으스대는 자리에 올라서는 것, 그래서 뽐내고 사는 것, 한마디로 이 세상에서 출세하는 것이 축복이라고 가르치는 이기적 기복신앙의 공동체가 된 우리 교회를 향해 토해내는 질타입니다. 이 땅의 기독교 공동체를 위해 드리는 간절한 기도요 회개의 눈물입니다.

　우리 교회를 향한 이 사회의 시각이 곱지 않은 요즈음 안에서 스스로 옷매무새를 고쳐 잡자고 하는 소리들이 이곳저곳에서 나오고 있습니다. '어떻게 할 것인가'를 두고 모두들 고민하고 있습니다. 다른 사람들이 읽기 전에 우리 교회지도자들, 기독교 지성들이 유성오 님의 '변해야 변한다'를 읽어야 합니다. 우리 교회지도자들과 기독교 지성이라는 이들이 변해야 우리 기독교인들도, 우리 교회도, 그리고 우리 사회도 변하기 때문입니다.

## 넷째 마당
# 우리 교회의 우상들

우리 교회의 우상들 | 경제주의에 노예된 한국 교회 | '어글리' 크리스천 | 아름다운 그리스도인, '하남 YMCA 사람들' | 아름다운 이 땅의 그리스도인들 | '利'보다 '義'를 구한 기업인 | 누가 달콤한 잠을 깨우는가 | IMF 시대와 우리 교회 | 목사님 전상서 | "누가 유시민의 '기독교 비판'을 비판하는가"

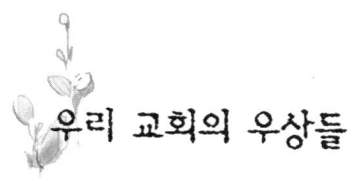# 우리 교회의 우상들

요즈음 우리 기독교를 바라보면서 걱정하는 이들이 많다. 지각 있는 교계 지도자들도 염려하고 젊은 목회자들도 걱정하며 많은 신학생들은 분통을 터트리기도 한다. 기독교를 교회 안쪽에서만 염려하는 것이 아니다. 교회 밖에서도 비판이 끊이질 않는다.

19세기말 이 땅에 들어와 뿌리내리고 가지 쳐 뻗어나갈 때, 기독교인이든 아니든 지대한 관심과 사랑을 받아온 교회다. 교회는 구한말 수직적 유교사회에서 수평적인 공동체로서 뿌리를 내렸다. 계급과 신분, 그리고 나이와 남녀를 구분하고 차별한 수직적이고 닫힌 사회질서에서 이 모든 것이 '사람이 만든 질서'이고 타파되어야할 '우상들'이라고 선포한 것이 교회다. 계급과 신분차이를 넘어, 나이와 남녀 구분을 넘어, 모두가 함께하고 모두가 평등한 새로운 공동체가 바로 교회였다.

　유교사회와 교회 사이에는 이른바 '창조적 긴장'이 있었다. 그러기에 교회는 유교사회 질서를 혁파하려는 개혁적인 사람들의 사랑을 받았고 이들의 공동체가 됐다. 일제시대 교회는 어떠했는가. 이른바 '천황제'에 뿌리를 둔 일본군국주의의 지배를 받아야했던 식민사회에서 교회는 '엑소더스'를 소망하는 조선 사람들의 조직공동체로서 가지쳐 뻗어나갔다.

　조선 사람들이 모든 것을 잃고 절망하고 있을 때 교회는 문을 열어 이들을 감싸 안았다. 이들을 위로하고 '새 하늘과 새 땅'의 소망을 갖게 한 공동체였다. 어느 때는 식민통치세력과 맞서기도 하고, 어떤 때는 소망의 교육을 시키면서 '새 예루살렘' 건설을 준비하기도 했다. 일제시대는 식민통치세력과 교회 사이에 항상 '긴장'이 있었다. 이 긴장이 예리할수록 소망을 목말라했던 조선 사람들의 사랑을 받았고 이들의 공동체로 굳게 성장했던 것이다.

　우리 민족에게 소망을 안겨다준 이 땅의 교회가 왜 요즈음 비판의 대상이 되고 비아냥의 표적이 되었는가. 이 문제는 여러 시각과 수준에서 논의되어야 할 것이지만 그 원인의 한 가지는 오늘날 교회 안에 들어서기 시작한 '우상들' 때문이다. 교회가 민족에게 소망을 안겨 주면서 성장하는 과정에서 비대해 지고 '개발독재시대'에 경제주의와 짝하면서 세상의 이런 저런 '우상들'이 서서히 교회에 들어와 자리했다.

성장우상, 강남우상, 돈 우상, 출세우상, 성공우상과 같은 세상 사람들이 섬기는 우상이 교회에 들어섰다. 설교에서도 기도에서도 이런 우상 섬김을 갈파하고 기원한다. 강남의 큰 교회가 우리가 바라는 교회의 모습이 됐고 돈이 넘쳐나는 교회가 축복 받은 교회가 됐다. 출세하고 성공해야, 그래서 남들보다 앞에서고 남들 위에 앉는 이가 되는 것이 예수 잘 믿는 것으로 가르치는 곳이 요즈음 우리의 교회다. 그러니까 이 세상과 교회 사이에는 차이가 없고 '긴장'이 없다.

세상 사람들의 눈에는 예수 믿는 이들이 자기들과 별로 다른 가치를 추구하고 살고 있는 이들이라고 생각하지 않는다. 그들의 눈에는 예수 믿는 이들도 자기네들처럼 출세와 성공을 우상처럼 쳐다보고 돈을 섬기고 있는 것으로 본다. 그러니까 예수 믿는 이들을 별다른 사람들이라 생각하지 않고, 이들의 공동체인 교회도 별다르게 여기지 않는다.

　오히려 예수를 믿고 하나님의 나라를 그려야 하는 교회가 세상 사람들의 우상을 모시고 있다며 비판하고 비아냥거린다. 그래서 우리는 교회의 갱신을 이야기하고 개혁을 부르짖는다. 세상 가치를 우상처럼 모시고 있는 우리 교회에 예수 그리스도를 다시 모시고, 세상 가치를 우상으로 모시고 있는 우리 교회에 하나님의 나라, 그 나라의 가치를 다시 가르치고 그 나라의 법도를 다시 세우자. 오늘의 우리 교회를 바라보며 두려운 마음을 감출 수 없다. 우리의 하나님은 "소멸하는 불이시오 질투하는 하나님"이시기 때문이다.

# 경제주의에 노예된 한국 교회

유교적 조선에 들어온 지 한 세기, 기독교는 이제 전체 인구의 25%를 신도로 가진 거대한 종교 공동체를 이 땅에 자리하고 있다. 세계에서 가장 큰 교회를 비롯 열 손가락 안에 끼는 대형교회가 이 땅에 다섯 개가 있다는 세계 종교 연감의 통계도 우리는 접하고 있고, 서울을 "교회당들의 도시"라고 하는 이들이 있는가하면 한국을 비서구국가운데 "가장 기독교화된 나라"라고 부르는 이들도 있다. 그렇다. 지난 한 세기 기독교는 이 땅에서 놀라운 성장의 역사를 연출하였다. 이 한 세기 동안 기독교는 우리 역사 변동의 마당에서 부정적 모습으로 나타난 적도 있었지만, 대체로 긍정적 역할을 해 온, 아니 지대한 공헌을 해 온 종교 공동체로 역사가들은 이야기 하고 있다. 신교육, 신문화 운동이 그러하고, 3·1만세 사건과 신사 참배 거부 운동도 그러하다. 그러나 무엇보다도 봉건적 유교질서를 허물고 자유와 평등에 바탕한 새 질서를 이루려는 한국기독교의 노력은 높이, 그리고 크게 칭송되어져야 한다. 우리의 근현대사에 나타난 사회, 정치, 문화, 교육 등 모든 방면에서 주도적 역할을 한 이들이 거의 모두 기독교인들이었다는 사실도 내세울 수도 있다. 이처럼 우리 역사에 뚜렷이 각인되어 있는 기독교 공동체의 긍정적 족적은 누가 지우려 해도 지울 수도 없고 또한 지워지지도 않는다.

그러나 오늘의 한국 교회는 우리 사회에서 어떠한 모습을 하고 있고 교회 안팎에서 우리의 신앙 공동체를 어떻게 보고 있는가. 지난 몇 십 년 동안 우리 사회가 성장과 거품의 경제주의에 빠져가는 동안 한국 교회는 천민자본주의의 노예가 되었다는 교회 안팎의 빈정됨은 잘못된 것인가. 교회마다 경쟁적으로 기도원, 수양관 그리고 묘지를 가지려고 하나님께서 주신 아름다운 자연환경을 얼마나 파괴하였으며 이 과정에서 세상 법으로 얼마나 어기었고 또 이는 세상 사람들처럼 덮어보지 않았는가. 가난한 과부의 헌금을 주차장을 넓히는데 사용하지 않았는가. 이런 저런 명분을 내세워 교회 땅, 교회의 건물을 넓혀가는 이른바 문어발식, 확장은 해오지 않았는가. 세상 기업이 기획실이니 기획조정실이니 하며 설쳐댈 때 교회 법에도 없는 기획위원회니 기획조정위원회니 하며 세상적 효율, 효능을 내세워 맞장구치지 않았는가. 기도회, 연합예배, 기독교 학술대회다 하며 세상 사람들처럼 호화 호텔에서 거드름을 피우지는 않았는가.

    교회는 이 땅에 있으면서도 이 땅에 속한 것이 아니다. 이 땅에 있어도 저 나라를 갈망하고 저 나라의 잣대로 운영되어야 하는, 세상적인 것을 초월하려는 공동체이어야 한다. 바로 여기에 기독교가 이땅의 것들을 뒤바꾸려는 개혁적 다이내믹이 잉태되는 것이다. 그런데 문어발식 성장과 허세와 거품의 천민자본주의 세상을 우리 교회는 마냥 따라 갔다. 세상과 교회가 세상의 기업경영과 교회 운영이, 세상 기업을 경영하는 이들과 교회를 운영하는 이들 사이에는 분명 달라야 함에도 말이다. 우리 교회는 수치의 성장주의와 문어발식 확장이라는 천민자본주의의 허세와 거품의 수렁에 깊이 빠져있다. 대형교회는 이 수렁에 빠져 거드름을 떨고 셋방교회는 이 거품의 환상을 꿈꾸고 있다. 하나님 보시기에 기뻐하는 교회가 되기 위해서는 우리 교회가 21세기에도 이 땅에 살아남기 위해서는 이러한 경제주의의 사슬을 용감이 끊어버리어야 한다. 이제 우리에게는 이를 위한 결단을 해야하는 일만 남겨져 있다.

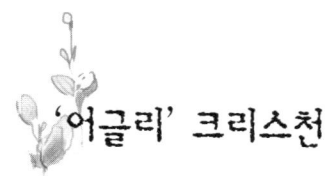
# '어글리' 크리스천

새해가 밝았습니다. '소망 없는 곳'에서 '소망'을 기도하며 새해를 맞았습니다. '소망 없는 이들'이 메시아를 기리듯이 말입니다. 그래서 새해는 아름다운 이야기로 채워지기를 간절히 소망했습니다. 적어도 새해의 첫 달은 그러하길 기원했습니다.

새해에는 세상의 가치가 이 땅의 교회에서 사라지길 기도했습니다. 교회를 회사 인수인계하듯 돈을 주고받는 '상행위'가 없어지길 기도했습니다. 교회를 자기 재산인양 세습하는 일이 일어나지 않길 소망했습니다. 교회가 기도원이나 수련원이라는 이름으로 하나님이 주신 자연을 훼손하는 일이 없길 기도했습니다.

현세적 기복신앙이 교회에서 발붙이지 못하게 해달라고 기도했습니다. 목사와 장로의 반목, 원로목사와 후임목사의 갈등으로 일어나는 교회 분규가 제발 없게 해달라고 기도했습니다.

교회지도자들이 교회 돈을 자기 돈처럼 써대는 관행이 사라지길 기원했습니다. 기독교 국가가 아닌 이 나라에서 시정을 하나님께 봉헌한다거나 '성시화운동'에 앞장서 종교분쟁을 유발하는 관리나 정치가가 없길 소망했습니다. 새해에는 이 땅에서 찬송가와 성경을 들고 교회 다니기가 부끄럽지 않게 해달라고 기도했습니다.

지난해에 '우리만이 알고 있던 교회의 부끄러운 이야기'가 텔레비전에 나오고, 신문에 대서특필되었으며, 잡지에 심층보도됐기에 새해에는 부끄러운 소식이 이 땅의 교회에서 들리지 않았으면 소망했습니다.

그런데 이러한 새해 소망은 새해 첫 달에 좌절되고 말았습니다. 지난 해 동서남아시아에 있었던 '쓰나미'가 하나님이 내린 재앙이라고 망언을 한 '어글리' 크리스쳔이 있었기 때문입니다. 교회 돈을 맘대로 쓰다가 법정에서 '교회헌금 횡령혐의'로 실형을 선고받고 나오는 '어글리' 크리스쳔의 사진이 대문만하게 신문에 실렸기 때문입니다.

분규를 겪고 있는 교회에서 교인들이, 장로들이, 목사들이 '어글리' 크리스천의 본모습을 보여주기라도 하듯이 시장바닥에서도 보기가 힘든 몸싸움을 보여주었기 때문입니다.

지난주에는 전철을 탄 적이 있습니다. 전철은 들어오고 사람들은 승차를 위해 줄지어 서 있었습니다. 차례차례 승차하기 위해서였습니다. 그런데 문이 열리자 여성 대여섯 사람이 나타나 줄을 무시하고 전철 안으로 돌진해 들어갔습니다. 그 가운데 한 사람은 빈자리에 손가방, 찬송가 그리고 성경책을 차례차례 놓고 "권사님", "집사님" 하며 소리쳐 불렀습니다.

빼곡 들어선 승객들 틈에 '권사님들'과 '집사님들'이 나타나 자리에 앉았습니다. 경기에서 승리한 선수들처럼 의기양양하게 앉아 자기 교회의 '전도운동'에 대해 말했습니다. 그들끼리 나누는 사랑, 그들끼리 해대는 그들의 '교회 이야기'를 승객들은 눈살 찌푸리며 내려다보고 있었습니다. 이 땅의 그리스도인의 자화상을 보는 것 같아 마음이 무거웠습니다.

그래서 저는 새해에도 우울합니다. 바로 '어글리' 크리스천들 때문입니다. 또 교회 한 구석에서는 이 사회와 정치에 '우리의 목소리'를 내자는 모임을 만들기도 했습니다. 상황이 이러할진대

사회에서 교회가 크리스천이 무슨 소리를 낸들 듣는 이는 몇이나 되겠습니까. 마치 자기들은 '어글리' 크리스천이 아닌 듯이 말입니다.

# 아름다운 그리스도인, '하남 YMCA 사람들'
-구한말 사랑방교회를 닮은 공동체…교회 울타리 넘어 하나님 나라로

얼마 전 하남 YMCA를 다녀왔습니다. 이사연수회에 특강을 하기 위해서였습니다. 모인 사람은 저를 포함하여 고작 열 명이었습니다. 저는 그들과 함께 저녁을 먹은 후 작은 방에서 '하나님 나라'와 평신도 지도력 개발문제를 갖고 두 시간 정도 이야기하고 돌아왔습니다. 모두 처음 뵙는 목사님, 장로님, 그리고 평신도였습니다. 2년 전부터 이분들은 신학의 진보나 보수 그리고 교파의 울타리를 넘어서 교회개혁을 말하고 하남 지역사회에서 기독교 시민운동을 함께 논의해 온 이들이었습니다.

이분들의 모습에서 저는 '한국교회'의 밝은 미래를 보았습니다. 하남 지역의 몇몇 교회 목사님들과 평신도들은 평상의 복장

으로 장대비를 맞으며 모여 교회답지 않은 이 땅의 교회를 말하고 '하나님의 나라'를 이 사회에 선포하는 '참 교회'를 건설해보자고 논의했습니다. 이들의 모습, 바로 여기에서 저는 구한말 이 땅에 나타나기 시작한 '사랑방교회' 공동체를 떠올렸고 여기에서 '한국교회'의 밝은 내일을 읽을 수가 있었습니다.

구한말 '사랑방교회' 공동체는 신분과 계급, 나이와 성을 구분하고 차별하는 수직적 유교질서를 큰 소리 내지 않고 허문 사회개혁공동체였습니다. 양반과 상놈이, 남자와 여자가, 어른과 어린이가 함께 사랑방에 모여 하나님께 함께 기도하고 찬송 불렀으며, 성경을 읽은 종교공동체였습니다.

유교사회에서 하찮은 이들이 이 사랑방교회에 모여 모두가 평등하다는 '하나님 나라'의 수평적 가치를 배우고 신분과 계급, 나이와 성의 다름을 넘어 서로를 '형제자매'라 불렀습니다. 이들은 이 교회 울타리를 나가 이를 선포하고 실천해 나갔습니다. 바로 이들이 우리의 초대교인들이고 바로 이들이 유교사회의 수직적 질서를 혁파해 나간 이들입니다. 작은 사랑방교회 공동체에서 사회개혁의 역동성이 넘쳐났던 것입니다.

교회갱신이나 사회개혁은 웅장한 교회 건물이나 호화 호텔에서 나오는 것이 아닙니다. 역사는 엄청난 물자를 투자해서 동원된 여의도광장이나 시청 앞 광장의 무리가 엮어내는 것도 아닙니다. 마가의 다락방에 모인 적은 무리가 세계역사의 방향을 바꾸었고, 구한말 사랑방교회공동체가 우리 역사에 개혁의 불을 지폈습니다.

일제시대 때는 교회 한 모퉁이 작은 방에서 민족해방을 염원하는 기도모임이 우리 민족에게 교회가 '소망의 공동체'가 되도록 해 주었습니다. 군사독재시대에는 여기저기 들어서기 시작한 웅장한 대형교회나 광장에 모인 비싼 옷을 입은 수 천 수 만의 무리가 아닌, 어두운 교회골방에 작은 기도 모임에서 반독재 민주화의 불꽃이 일어났던 것입니다.

세상의 가치들이 '우상'으로 모신 이 땅의 교회를 많은 이들이 비판하고 교회를 떠나고 있습니다. 성장의 깃발을 높이 세우고 부흥회다 선교대회다 하며 성장해 왔던 교회가 더 이상 성장하지 않는다는 보도도 있습니다. 그것은 교회다운 교회의 성장이 아니었기 때문입니다.

교회가 '하나님 나라' 이야기를 하지 않고 교인들이 하나님의 나라 백성으로 삶을 꾸리지 않기 때문입니다. 이 땅의 교회가 세상과 다르지 않고 교인들이 세상 사람들과 다르지 않기 때문입니다. 그래서 교회는 이 땅에서 역동성을 보여주지 못하고 교인들은 무기력증에 걸려 있습니다. 기독교인이 되었다고 부끄러워하는 이들이 많아지고 있습니다.

장대같은 비가 쏟아지던 날, 저녁 하남의 한 모퉁이에 자리 잡은 교회 구석방에 적은 무리가 모여 교회 갱신을 위해 조용히 기도하는 장면을 보았습니다. '하나님의 나라' 가치와 법도 위에 교회를 새로이 '지어야 한다'는 이들의 결의를 보았습니다. 교회울타리 밖으로 나가 하나님의 나라를 선포하려는 진지한 논의를 들었습니다.

이날, 특강하러 갔던 제가 도리어 큰 은혜를 받았습니다. 바로 여기에서 우리 교회의 소망을 읽었습니다. 이름 없는 이들의 이 작은 모임에서 교회가 이 땅에 있어야 할 존재이유를 발견했습니다. 이제 우리 모두가 나서야 할 때입니다. 하남의 YMCA 사람들처럼 말입니다.

# 아름다운 이 땅의 그리스도인들

〈뉴스앤조이〉 가족 여러분, 지난 몇 달 동안 바삐 살았습니다. 학교 강의와 〈뉴스앤조이〉 편집인으로 글을 쓰는 등 여기저기 많이 불려가기도 했습니다. 〈뉴스앤조이〉에 편집인으로 올린 글의 위력 때문인지, 〈뉴스앤조이〉 권위 때문인지, 이곳저곳에 초청을 받아 한국기독교의 개혁을 함께 논의하며 이곳저곳을 다니기도 했습니다. 4년 전 미국에서 돌아온 이후 이렇게 분주하게 산 적이 없습니다.

모두들 〈뉴스앤조이〉의 역할에 큰 기대를 걸고 있었고, 저의 글에 대해서도 격려를 아끼지 않아 그야말로 한국교회 개혁의 동지들을 만난 것처럼 기뻤습니다. 제가 편집인으로 올린 글 중 △〈뉴스앤조이〉는 '하나님나라'만을 이야기하겠습니다 △우리 교회의 우상들 △'친일청산' 교회가 앞장서야 한다 △가시관의 예수, 금관의 예수를 말씀해주신 분들은 넘치는 격려와 분에 넘치는 사랑을 주시기도 했습니다.

그런데 저의 동지들 가운데서는 "박 교수님, 이 땅에도 아름다운 그리스도인들이 있고 우리의 역사에도 '참 교회'가 있던 때가 있지 않습니까?" 하는 질문을 던진 분이 있습니다. 이런 질문을 받은 저는 당황했습니다. 이 땅의 교회를 더욱 나은 교회, 하나님이 보시기에 참 교회다운 교회로 갱신해 가고자 하는 〈뉴스앤조이〉와 제 글이 이 땅의 교회를 불순한 의도를 가지고 비판을 일삼는 오해를 받고 있지는 않은가 하는 마음이 저를 당혹케 한 것입니다.

그렇습니다. 암울하기 짝이 없던 구한말 이 땅에 뿌리를 내리기 시작한 기독교는 우리 민족에게 소망의 빛을 던져준 종교였습니다. 일제시대에도 안창호, 전덕기, 김규식, 여운형과 같은 많은 기독교 지도자들이 민족해방전선 맨 앞줄에 서 있었습니다. 해방 이후에도 함석헌, 문익환, 김재준과 같은 교회지도자들이 인권과 민주를 줄기차게 외쳤습니다.

요즘에도 노숙자들, 노인들, 외국인 노동자들과 같이 사회에서 버림받고 무시당하는 이들을 위해 조용히 이 골목 저 골목에서 일하는 아름다운 그리스도인들이 있습니다. 그리고 그 많은 아름다운 그리스도인 중에 두 분이 있습니다. 〈뉴스앤조이〉의 발행인이기도 한 방인성 목사(성터교회 · 50)와 한명수 목사(창훈대교회 원로목사 · 71)입니다.

방인성 목사는 여느 교회 목사와는 달리 교회 창립 50주년을 맞아 교인들과 이웃들의 부채를 탕감해주고 공과금을 대납하는 희년 행사를 치렀습니다. 흔히 교회 창립 기념한다며 동료 목사들을 초청하여 '세'를 과시하며 교인들끼리 잔칫상을 차리는 교회의 관습에 익숙한 저희를 놀라게 하였습니다. 교회의 '관습법'을 어긴 방 목사는 또 사건을 쳤습니다. 50세의 방 목사가 자신의 장기를 떼낸 일입니다. 이를 어찌 아름답다 하지 않을 수 있습니까.

한명수 목사는 대표적 보수교단의 총회장을 지낸 분입니다. 그가 젊어서 개척한 창훈대교회는 "창훈대의 길에 조국통일이 있다"고 말합니다. 그 말이 충격입니다. 이른바 진보교단에 속한 교회에서나 볼 수 있는 말입니다. 그가 그 교단의 총회장으로 선출되었다는 사실도 역사고, 총회장 시절 친북인사라는 욕을 먹어가며 북한을 방문하고 의약품을 전한 것도 교회사에서 크게 기록될 일입니다. 기독교계에서 소위 보수라고 일컫는 이들이 시청 앞에서, 장충체육관에서 소리 높여 국가보안법을 폐기해서는 안된다고 앞장섰던 때가 있었습니다. 그에 비하면, 한명수 목사를 어찌 아름답다 하지 않을 수 있습니까.

〈뉴스앤조이〉 가족 여러분, 우리 〈뉴스앤조이〉는 앞으로 이런 아름다운 그리스도인들의 모습을 전해 드리겠습니다. 그리고 두고두고 이야기하겠습니다.

# 이(利)보다 의(義)를 구한 기업인 김형남

삼일운동이 일어난 1919년 가을, 그러니까 온 겨레가 독립쟁취 실패로 좌절하고 침울해 있었을 때 평양 승실학교 기계창에서는 14세 어린 소년이 망치를 들고 무엇인가를 열심히 만들고 있었다. 이 어린 소년은 '땀을 흘리고 밥을 먹는다'는 좌우명으로 일평생을 살았는데 이 소년이 바로 훗날 한국 방직공업의 기틀을 세운 양심적 기독교 실업인 김형남이다.

김형남은 1905년 기독교를 먼저 받아들여 신문명에 눈을 뜬 평안남도 강서에서 태어나 선교사들이 세운 명신학교와 숭실중학을 거쳐 숭실대학에 다니게 됐다. 그렇게 가난한 집안은 아니었으나 형제가 함께 학교에 다녀야했던 김형남은 학교를 다니면서 줄곧 일을 해야 했다. 선교사 윌리암 베어드가 숭실학당을 설립할 때 학생들에게 '일하며 배우는 프로그램(work-study program)'의 하나로 기계창을 만들었는데 김형남이 여기에서 일하며 공부한 것이다. 노동을 하며 공부하는 것은 그가 미국에 가 공부할 때도 계속됐다. 1924년, 그러니까 숭실대 2학년 때 켄터키주 웨슬리안 대학 화학과로 편입하여 공부할 때도 잔디를 깎는 일, 식당 일, 눈 치우는 일을 하며 공부했다. 이 대학을 우수한 성적으로 졸업한 김형남은 뉴욕 프렛 공과대학으로 진학, 공학사 학위를 하나 더 받고 1930년 26세의 나이에 귀국하게 된다. 학부를 마치고 대학원에 진학하여 석사나 박사학위를 취득했던 다른 이들과는 달리 김형남이 두 학교를 다니며 이학사와 공학사를 고집스레 취득한 바로 여기에 우리는 삶에 대한, 그리고 민족 공동체에 대한 그의 깊은 생각을 만나게 된다. 그의 유학동기는 '산업을 일으키는 것만이 우리 민족이 살길'이라는 소박한, 그러나 우리 사회의 통념을 뿌리째 뽑으려는 그의 역사관 때문이었다.

　귀국 후 김형남은 평양에 '대동피혁사'를 설립하기도 했고 목포에서 '3·1서점'을 운영하기도 했지만, 일제식민통치의 마지막 때인지라 그리 순탄한 사업을 하지는 못했다. 해방이 되자 미군이 남쪽에, 소련군이 북쪽에 주둔하게 됐다. 김형남은 미국 유학 경험이 있어 미군정청에 일자리를 얻게 된다. 이를 계기로 '종연방직' 전남 공장의 관리인이 됐다. 해방 후 좌우갈등이 심화되어 파업이 끊이지 않고 적산기업을 인수하려는 농간꾼들 때문에 공장을 정상으로 가동하기란 어려웠지만 김형남은 타고난 뚝심과 신앙으로 어려움을 헤쳐나갈 수 있었다.

그러나 6·25전쟁으로 이 '전남방직'은 폭격을 당해 잿더미가 됐다. 김형남은 전쟁이 끝나지도 않았는데 공장복구작업을 개시했다. 휴전이 됐을 때는 완전히 복구되어 정상화됐고 이 공적을 인정받아 이를 불하받게 됐다. 바로 이것이 '일신방직'이다. 그는 이 회사의 성장과 더불어 우리 사회에 '성공적 기업가'로 우뚝 서게 됐다.

우리가 김형남에 주목하는 것은 단순히 성공한 한 사업가의 삶 때문이 아니다. 김형남은 사업을 성공적으로 펼치면서 '이윤 획득'에 혈안이 된 이가 아니다. 그는 공장 안에 교회를 세워 전 사원의 '신자화'를 이루고 전국 각지에 교회를 세우고 어려운 교회를 재정적으로 돕는 일을 앞장서서 했다. 기독실업인이 마땅히 할 '전도'에 모범을 보인 것이다. 이와 더불어 기독교 대학이자 그의 모교인 숭실대학교가 서울에 재건되어 재정적 어려움을 겪을 때 이사로서, 그리고 총장으로서 이를 맡아 운영했다. 악덕재단이 기승을 부리던 당시 김형남은 자신의 돈으로 건물을 짓고 공과대학과 정보통신분야를 확대하는 등 학교운영에 사재를 털었던 것이다. 이것은 오늘날 흔히 말하는 이윤의 사회환원의 수준이 아니다. 이 모두가 다 그의 모교사랑, 기독교적 소명의식 그리고 어릴 때부터 터득해온 '일, 그자체가 즐거운'이라는 그의 삶의 철학에서 나온 것이다. 1978년 봄, 그는 하늘나라로 갔다. 20여 년이 지난 오늘 우리는 아직도 김형남을 기린다. 아마도 그와 같은 삶을 꾸린 참다운 기독실업인을 우리가 보지 못한 까닭이다.

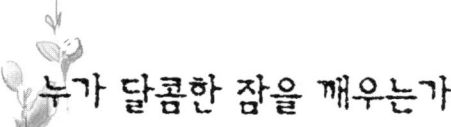
# 누가 달콤한 잠을 깨우는가
### -고백과 회개의 잠을 깨우는 이들이 반기독교 세력인가

 지난 몇 주간 여러 교단의 이름으로, 여러 기독교기관의 이름으로 나온 '시국선언'을 접할 수 있었다. 건강한 시민사회에서는 누구나 공동체가 안고 있는 현안에 대하여 자신들의 의견을 말할 수 있기에 시국선언 발표가 문제가 되는 것은 아닐 터이다.

 문제는 이들 교단이나 단체의 시국선언이 우리의 가슴에 와 닿지 않는다는 데 있다. 사람 없는 넓은 들판에서 공허한 하늘에 질러대는, 설득력을 지니지 못하는 무기력한 이들의 아우성이라고 빈정대는 이들도 있다. 모처럼 나온 한국교회의 사회·정치적 '목소리'가 왜 이처럼 무시를 당하고 사회에서는 '빈정댐'의 대상이 되었을까.

 우리는 그 주된 원인을 한국교회가 '고백과 회개'라는 거룩한 가르침을 외면해왔기 때문이라고 보고 있다. 아니 고백과 회개는 고사하고 입만 열면 '당시의 상황에서는 그렇게 할 수밖에 없었다'는 변명과 괴변을 일삼아 왔기 때문이다.

한국교회와 교회 지도자들이 일제 때 신사참배한 것에 대해 고백과 회개를 했다면, 해방 뒤 이 사회에서 더 호소력을 가진 사회 발언을 할 수 있었을 것이다. 이승만 시대에 교회와 교회 지도자들이 불의의 독재자와 잠자리한 음란죄를 4·19 혁명 후에라도 고백하고 회개하였다면, 한국교회는 이 땅에서 더 존경받는 공동체가 되었을 것이다.

한국교회의 긴 역사에 있었던 '굴절'에 대한 기독교적 '정리'인 고백과 회개가 없었기 때문에, 군사독재 시절에도 독재정권과 함께 호화 호텔에서 구국기도회니 조찬기도회니 하며 독재자를 칭송하게 된 것이다.

이는 하나님나라의 사람들이 '하나님나라'를 바로 보지 않고, 그 법도대로 살지 않고, 하나님나라 사람들이 세상 권력과 짝하여 놀아난 간음죄를 지은 것과 같다. 한국교회와 교회 지도자들이 고백과 회개를 하지 않은 까닭이다.

교회 안팎에서 '고백과 회개'를 통한 '과거정리'를 주장하고 나오자, 교회와 교회 지도자들은 지난날 세상 권력과 함께 한 그 단잠의 달콤함, 그 동침을 그리워하는 듯 '잠을 깨우는 이들'을 원망하며 질시하고 있다. 아니 이 잠을 깨우는 이들을 반기독교 세력으로 몰아가고 있는 듯하다. 이러한 행위는 일제시대 신사참배를 거부하다 감옥에 끌려가 죽어간 선배 그리스도인에 대한 모욕이다.

이제 한국교회와 교회 지도자들은 우리의 '굴절된 과거'를 하나님과 공동체 앞에 내어놓고 고백하고 회개하자. 개인의 굴절도, 교단의 굴절도, 기독교단체의 굴절도 내어놓자. 고백하고 회개하자. 교단의 이름으로, 교회기관의 이름으로 선언문을 내기 전에 그 교단, 그 교회기관의 과거 굴절을 하나님과 사람 앞에 내어놓고 고백하고 회개하자.

이렇게 해야 이 땅에서 교회가, 교회 지도자들이 떳떳하게 사회적 발언을 할 수 있다. 이렇게 해야 '교회의 발언'이 힘차고 설득력을 가질 수 있다. 이제 우리 모두 지난날의 굴절을 고백하고 회개하자.

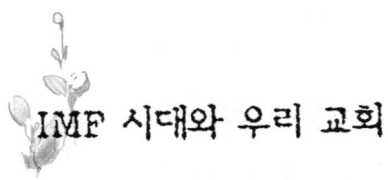

# IMF 시대와 우리 교회

엘리뇨 탓인가. 올해는 개나리와 진달래가 유난히도 일찍 우리를 찾아와 봄인사를 한다. 그러나 우리사회의 하늘은 검은 먹구름으로 뒤덮여 있다. 지난 겨울 밀어닥친 IMF 한파, 줄잇는 부도사태, 길거리 방랑자가 된 실업자가 수백만에 이른다는 우울한 소식 때문이다. 그렇다. 봄은 왔으되 신명나는 봄맞이를 우리는 할 수 없다.

정부는 정부대로, 기업은 기업대로 비대해진 몸뚱아리를 줄여 따스한 봄날을 맞으려 하지만, 오래토록 이것저것을 가리지 않고 먹어 오른 비갯덩이 같은 살은 좀처럼 빠지지 않는다. 정부와 기업의 이른바 구조조정 노력이 언제쯤, 그리고 어떻게 결실을 맺어 가벼운 몸으로 봄나들이를 하게 될지 몰라 우리는 더욱 우울하다. 도대체 파란 하늘을 볼 수가 없다.

교회에서도 야단이다. IMF 시대의 교회는 무엇을 하여야 하는가, 문어발식 확장만을 일삼아온 교회를 구조조정을 어떻게 하여야 하는가 하며 세미나를 개최하는 등 밖에서 쳐대는 구조조정의 꽹과리 소리에 교회도 장단을 맞추고 있다. 우리의 경제 문제가 있듯이 우리 교회에도 숱한 문제가 있다.

그러나 교회의 구조조정이나 개혁은 세상 방식대로 이루어져서는 안된다. 교회의 프로그램을 줄이고 예산을 깎아 내핍운영을 하는 등 IMF시대가 요구하는 세상 방식대로 교회를 바꾸어서는 안된다. 교회의 문제가 세상 기업하는 이들의 논리와 방식대로 교회를 운영하여 왔기 때문에 생긴 것이라면, 우리교회의 구조조정은 세상 방식대로가 아니라 하늘나라의 논리와 방식대로 이루어져야 한다. 그래야만 우리교회는 하늘나라를 그리고, 그 나라 방식대로 살고자하는 이들의 공동체, 참다운 교회로 새롭게 태어날 것이다. 그것은 개혁한답시고, 구조조정한답시고, 호화 호텔에서 세미나를 개최한다고 떼지어 모여 세상사람들처럼 꽹과리를 치며 호들갑 떠는 것이 아니다.

우리교회의 개혁, 우리교회의 구조조정은 세상 논리와 방식을 따라 교회운영을 해온 '죄'를 하나님 앞에 내어놓고 피눈물 흘리며 회개함으로 시작되어야 한다. 기도회란 이름을 붙여 호화 호텔에서 거드름을 피운 채, 성지순례라는 옷을 입고 가난한 교인들의 헌금을 낭비한 죄는 회개해야 한다.

노회나, 총회나 연합기관 활동을 위한다며 교회 돈을 개인의 비자금인양 써온 죄, 목사가 최고인줄 모르고 박사학위 콤플렉스에 빠져 아무도 인정치 않는 박사학위나 가짜 박사학위를 받은 죄를 회개하여야 한다.

가난한 교인들을 업신여기고 부자들과 짝하여 온 죄, 교회를 기업처럼 운영하며 기업사장이나 회장처럼 행세해온 죄는 회개하여야 한다.

주를 믿고 십자가를 지겠다고 언약한 이들이 십자가를 지지 않고 편안히 세상과 짝하고 세상적 영화를 누리거나 갈망해온 죄를 회개하여야 한다.

IMF시대에, 회개만이 우리 교회를 바꾸고 회개만이 우리 사회를 개조한다는 하늘나라의 논리, 하늘나라의 방식이 더욱 절실히 필요하다.

# 목사님 전상서

목사님, 저와 같은 사람으로서 세상 영화를 버리고 하나님의 뜻을 이 땅에 이루기 위해, 그리고 "가난한 영혼들"을 위해, 그들과 더불어 삶을 꾸리시는 목사님을 생각할 때마다 가슴 깊이, 진실로 가슴 깊이 존경하지 않을 수 없습니다. 특히 "IMF한파"를 맞아 사업하는 교인들이 줄지어 파산당하고 숱한 교인들이 실업자가 되어 길거리를 방황하거나 스스로 목숨을 끊고 있는 요즘, 그들을 위해 피눈물을 흘리며 철야기도 하시는 목사님의 모습을 생각할 때 어찌 존경치 않을 수가 있겠습니까.

우리 죄를 위하여 죽으신 예수님을 대신하여 가슴 찢으며 애통해 하고 실의에 차 길거리를 헤매는 실업자를 위해 목사님 가족들이 하루 한 끼를 금식하고, 이들을 좁은 목사님 사택으로 모시어 식사대접한다는 소식도 들었습니다. 또한 목사님이 봉직하고 계시는 교회가 실직자되어 거리에 노숙하는 이들의 숙식처로 교회당을 기꺼이 내어놓았다는 소식도 전해 들었습니다. 어찌 목사님 가족과 교회를 위하여 기도치 않을 수 있겠습니다.

 그렇습니다. 목사님 같으신 분은 존경을 받아야만 합니다. 숱한 목사님들이 교회 돈이 자기것인양 함부로 써대며 외국구경을 이웃집 가듯 할 때 목사님은 황폐해가는 우리의 농어촌교회를 돌보시었습니다. 숱한 목사님들이 명예박사인지 가짜박사인지 모를 화려한 학위가운을 걸치고 설교할 때 목사님은 신학교 졸업하실 때 입으셨던 옷을 입고 강단에 오르시었습니다. 어찌 목사님을 존경치 않을 수 있겠습니다. 교회가 차를 사준다 하여도 목사님은 거절하시었습니다. 노회나 총회의 정치꾼들이 노회장, 총회장에 추대했을 때도 목사님은 아랑곳 않으시고 목회에 전념하시었습니다. 교회 장로들이 산속의 땅을 사서 수양관이나 수련원을 짓자고 하였을 때 목사님은 기도를 핑계 삼아 하나님이 우리에게 맡기신 자연을 파손할 수 없다고 반대하셨습니다.

 장로, 집사들이 교회 주차장을 만들자고 했을 때 목사님은 과부의 헌금으로 부자들의 자동차를 세워 둘 땅을 살 수 없다고 반대하셨습니다. 숱한 목사님들이 거드름 피우며 수양관이네 수련원이네하며 문어발식 교회운영을 할 때 목사님은 교회는 천민자본주의의 노예가 될 수 없다고 외치셨습니다. 진실로 목사님은 이 시대 참 목회자상을 보여주고 계십니다. 많은 목사님들이 교회를 하나의 사업체인 것처럼 운영하고 회사 사장처럼 행세할 때, 목사님은 하나님의 종으로 "가난한 영혼들"과 더불어 살며, 그들과 함께 기도하고, 그들에게 진리의 말씀을 가르치고 계십니다. 많은 목사님들이 "IMF경제한파"가 사업가나 정치인들만의 잘못인양 그들을 꾸짖을 때, 목사님은 우리 교회가 교회답지 못하여, 우리 크리스천들이 크리스천답게 살지 못하여 불어닥친 것이라며 자책하고 회개하자고 설교하시었습니다. 목사님은 세상 한가운데서 참 하나님의 종으로 삶을 꾸리시고 계십니다. 얼마나 고독하고 외로우십니까.

그러나 목사님은 외롭지 않으십니다. 위로는 하나님께서 보살펴 주시고 이 땅에서는 저희들이 목사님을 위해 기도하고 있습니다. 목사님 끝까지 의로운 삶 포기하지 마십시오.

목사님, 건강하십시오.

# 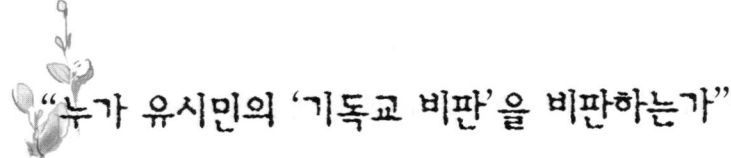"누가 유시민의 '기독교 비판'을 비판하는가"

요즈음 교회 안팎에서는 국회의원 유시민의 한국 기독교 비판에 대한 기사로 시끄럽다. 거의 2년 전에 한 〈복음과 상황〉이라는 기독교 잡지와의 인터뷰 과정에서 나온 '기독교 신자'가 아닌 '저널리스트'로서의 유시민의 한국 기독교 비판이 논란이 된 것이다.

그 때에는 누구도 관심을 갖지 않더니 이제 와서 문제가 있다고 야단법석이다. '한국기독교총연합회'(한기총·대표회장 길자연)가 비난 성명을 내고 몇 몇 신문들이 '문제화'시킨 까닭이다. 이에 대한 우리의 관심은 세 가지다.

첫째, 지금, 누가 그리고 왜 유시민의 '한국 기독교' 비판을 비판하고 있는가에 대한 관심이다. 지금은 국회의원 선거 때다. 우리가 좋아하든 싫어하든 유시민은 우리 모두가 아는 바와 같이

'정치개혁'의 깃발을 치켜들고 노무현을 대통령으로 만들었고 자신이 국회의원이 되었으며 또 지금 국회의원이 다시 되겠다고 출마했다. 선거를 사흘 남겨둔 이 시점에서 거의 2년 전에 제기한 이 문제가 불거져 나온 것이다.

물론 우리는 국민의 대표가 되겠다는 이들에 대한 검증을 철저히 해야 한다. 철저한 검증을 하지 않았기 때문에 우리 정치가 이렇게 썩었고 우리 사회가 뒤틀려졌다. 유시민도 이를 바로 잡겠다고 나섰으니 마땅히 검증, 아니 다른 이들보다 더욱 세밀한 검증을 받아야 한다.

문제는 '한국 기독교'를 바라보는 유시민의 시각이 국회의원 자격 여부를 검증하는 잣대인가 하는 점이다. 물론 아니다. 불교인도 천주교인도 기독교인도 국회의원이 될 수 있고, 불교를 비판하는 이들도 천주교를 싫어하는 이들도 그리고 기독교를 부정적으로 보는 이들도 국회의원이 될 수 있다.

그런데 왜 유시민의 종교관, 기독교관이 문제가 되었는가. 이 질문은 누가, 왜 이를 문제 삼았는가 하는 질문으로 이어진다. 유시민의 정치적 입장을 비판적으로 보는 신문들이 문제 삼고 있고 보수적 정치집회를 주도한 기독교 단체들이 문제를 삼고 있다는 점이다. 이러한 신문들 그리고 기독교 단체들의 의도를 우리는 지나치지 말아야 하는 것이다.

둘째, 유시민의 '한국 기독교' 비판의 내용이다. 그는 한국 기독교, 특히 대형 교회들에 대해 비판적이었다. 오늘의 한국 사회처럼 오늘의 한국 기독교도 '총체적 부패', '총체적인 불투명성', '총체적인 권위주의' 그리고 '총체적인 무비판'의 공동체로 본 유시민은 한국 기독교가 "예수님이 하지 말라는 것 골라가면서 다 한다"고 비판하였다. 예수님이 오늘 이 땅에 오신다면 예수님의 삶과 가르침과 너무나 거리가 먼 한국 기독교를 "다 때려부술 것"이라고 질타했다.

'비기독교인'인 유시민, 반독재 민주화 운동을 하다가 감옥에서 성경을 '많이' 읽은 유시민, 함석헌 선생, 김재준 목사, 문익환 목사님을 존경하고 그 아들 문성근을 형이라 부르고 좋아하는 유시민, 멋진 퇴장을 한 옥한흠 목사를 우리 시대에 드물게 보는 목사라고 치켜세우는 유시민, 그의 '한국 기독교' 비판에서 우리는 기독교를 박멸하자는 주장도 논리도 찾지 못한다.

오히려 우리는 그의 '한국 기독교' 비판에서 한국 사회 개혁에 대한 열정, 그리고 이 개혁의 도정에 19세기 말, 일제초기에 기독교 공동체가 사회 개혁과 민족 해방 운동에 앞장 선 것처럼 왜 오늘의 한국 기독교는 오늘 우리 민족 공동체의 미래를 위한 개혁 운동을 멀리서 바라만 보고 있는가 하는 그의 안타까워하는 마음을 읽는다.

오늘의 한국 기독교는 왜 이처럼 부패하고, 이처럼 불투명한 공동체가 되었으며, 이처럼 권위주의가 팽배하고, 이처럼 무비판적인 공룡조직이 되었는가 하는 그의 깊은 한숨을 느낀다. 사실 솔직하게 자기 성찰적으로 우리 기독교 공동체를 살피면 '비기독교인' 유시민의 한국 기독교를 바라다보는 눈이 얼마나 정확한가를 인지할 수 있다.

오늘 우리 사회에서 '가장 존경받는 교회 지도자' 옥한흠 목사도 "거룩함을 잃어버린 한국 교회는 세속화에 빠져 자기 결단과 헌신을 결여한 채 감성적인 찬송과 '주여'만을 부르짖고 있다"며 "교인의 눈치를 보고 인기에 영합하거나 종종 하나님을 이용해 돈과 명예를 얻으려는 거짓 선지자들을 보게 된다"고 꼬집지 않았는가.

　나도 최근에 펴낸 『한국 기독교 읽기』라는 책에서 1세기 팔레스타인에 사셨던 예수의 삶과 가르침이 오늘의 한국 교회에서 찾지 못한다고 비판한 적이 있다. 다시 말하지만 '비기독교인' 유시민의 한국 기독교 비판에는 기독교를 바라보는 그의 안타까움, 그의 아쉬움이 깃들어있을 뿐 우리 기독교 안팎에서 나온 '개혁'의 목소리와 그리 먼 것이 아니다.

　셋째, 인구 1/4을 신자로 가지고 있는 거대한 종교 공동체인 한국 기독교가 유시민의 한국 기독교 비판에 왜 어린아이처럼, 더욱 혹독히 말하면 단세포적 반응을 하는가 하는 문제다. 솔직하게 우리를, 우리 기독교 공동체를 한번 들여다보자.

　대형교회들의 세습과 변칙 세습, 환경을 파괴하고 그린벨트 지역에 들어선 수련원과 수양관 그리고 교회묘지, 천박한 물량주의, 이기적 기복신앙, 개교회주의, 교단장과 교회 기관 대표 선출 때마다 돌아다니는 돈 봉투, 성직자들의 저질발언과 윤리적 타락, 이런 것들이 우리 교회 안팎에서 한국기독교를 두고 나도는 말들이 아닌가.

그래서 개혁하자고, 회개하자고 교회 안팎에서 이야기해오지 않았던가. 그런데 '비기독교인' 유시민의 애정 어린 비판에, 그것도 2년 전에 한 비판에 왜 이토록 신경질적이어야 하는가. 거대한 사회 세력으로 떠오른 한국 기독교 공동체는 이러한 교회 안팎의 개혁 욕구를 자기 성찰의 계기로 삼기보다는 안팎의 비판이나 개혁 목소리를 겸허하게 수용하지 못하고 왜 보기 흉하기 짝이 없는 자기 방어적 몸부림을 하여야하는가. 왜 이처럼 어른스럽지 못한가. 왜 이처럼 옹졸한가. 왜 이처럼 경직되었는가. 왜 이처럼 교조주의적인가. 비판하는 이들이 있거나 개혁하자는 이들이 있다는 것은 그만큼 한국 기독교 공동체에 기대고 싶고 그리고 소망이 있다는 증거가 아니겠는가.

오늘의 한국 기독교는 전국 방방곡곡에 들어선 엄청난 수의 교회들, 주일마다 우리 인구 1/4이 모여드는 거대한 종교 공동체다. 이 기독교는 수많은 기독교계 학교와 병원을 가지고 있고, 신문과 방송 그리고 잡지와 같은 언론 매체도 가지고 있다. 위세가 당당한 종교 공동체다. 이 민족에게 비전을 제시하고 민족과 인류의 미래를 위해 걱정하고 기도하는 신앙 공동체가 되어야 한다.

 그렇기에 한국 기독교는 옥한흠 목사의 질타도, '비기독교인' 유시민의 '개혁 청구'도 그리고 박정신의 비판도 어른스럽게 받아들이는 대승적이고 자기성찰의 태도를 보여야 한다. 한국 기독교는 선거 때 어느 파당과 짝을 하거나 어느 파당에 이용될 수 있는 행동을 마땅히 지양하여야 한다. 선교 2세기를 맞은 한국 기독교가 아닌가.

## 다섯째 마당

# 한국 기독교, 역사의 앞섬이에서 뒷섬이로

역사의 앞섬이에서 뒷섬이로 | 6·25 이후 기독교에 뿌리 내린 반(反)기독교 정신 | 4·19 학생혁명과 기독교 | 왜 친일청산이고 과거사 정리인가 | '친일청산' 교회가 앞장서야 한다 | 『크리스천 신문』의 창간-그 역사성과 오늘의 소명

# 역사의 앞섬이에서 뒷섬이로
### -한국기독교의 모습변화에 대한 한 생각

**하나**

요즈음 우리 사회가 시끄럽다. 이 '시끄러움'은 우리 사회의 나누임에서 나온다. 빈부, 이념, 남북, 영호남, 도농, 심지어 서울에서 강의 북쪽과 강의 남쪽의 나누임 따위로 시끄러운 것이다. 이러한 사회갈등을 우려하는 시각이 있지만 우리는 생각을 달리 한다. 왜냐하면 역사는 이러한 나누임과 갈등을 통하여 발전한다고 믿기 때문이다. 역사철학자 헤겔이 역사를 '정반합'의 끊임없는 변증적 과정으로 인식하였고, 역사학자 토인비가 역사를 도전하는 세력과 응전하는 세력 사이의 엉킴의 마당으로 보았으며, 신채호도 역사를 우리(我)와 저들(非我) 사이의 쟁투의 과정으로 이해했고, 마르크스도 계급 사이의 투쟁을 통해 역사가 발전한다고 하지 않았는가. 옳음과 그름 사이의 화해가 아니라 그름에 대한 맞섬을 가르친 예수의 역사관도 이와 다르지 않다. 그러기에 우리는 우리 사회의 나누임이나 갈등 그리고 거기서 나오는 시끄러운 소리를 역사 발전 과정에서 당연히 나타나는 현상으로 인식하고자 하는 것이다.

    문제는 나누임과 갈등 그리고 시끄러움이 아니다. 우리가 우려하는 것은 나누임과 갈등 그리고 시끄러움을 우려한 나머지 덮어 두려는 우리 사회의 마음가짐과 움직임이다. 나누어 문제를 논의하고, 서로 생각을 견주어보고, 그리고 시끄럽게 토론하는 과정을 무서워하여 생각 사이에, 동네 사이에, 지방 사이에 높은 담벼락을 쌓으려는 마음가짐과 움직임이 역사발전을 방해하는 것이다. 오히려 넓은 마당을 열어 다른 생각을 가진 이들이 함께 하여 서로 엉키고 설키도록 하여야 한다. 여기에서 다름을 넘어 함께 더불어 사는 지혜를 익히게 되고, 여기에서 사회통합의 실마리를 찾게 되며, 이런 과정을 통해 역사는 발전하는 것이다. 오랜 인류의 역사가 주는 가르침이다.

## 둘

　한국기독교의 역사는 나누임과 갈등 그리고 시끄러움으로 휩싸인 구한말에 시작되었다. 우리가 익히 알고 있듯이, 구한말은 남자와 여자를 가르고, 나이 사이의 소통을 막고, 하는 일의 다름에 사회적인 장막을 친 조선의 유교질서가 안팎의 거센 도전으로 와해되어갈 때다. 제국주의 세력이 새로운 자원과 시장을 찾아 아시아로 몰려올 때 은자의 나라 조선도 예외가 아니었다. 오래 동안 낮은 자들을 억압하고 그들 위에서 뻐기며 위세를 부리던 조선의 지배세력은 이 제국주의 세력들의 힘 앞에서 무기력함을 드러내었다. 지배세력의 이 무기력함을 보고, 민중들은 오랜 침묵과 굴종에서 일어나 꿈틀대기 시작하였다. 신분, 성, 나이, 지역의 다름에 터한 유교적 차별 질서에 맞서 집합적으로 행동하기 시작하였다. 이를테면, 1862년 이 한해에 약 70여 난이 일어날 정도였다. 1894년의 동학농민혁명운동이 이 구한말에 일어난 여러 갈등의 가장 큰 보기다.

　이러한 나누임과 갈등의 틈을 비집고 기독교가 들어서 뿌리 내리고 가지 쳐 뻗어나갔다. 신분, 나이, 성, 지역으로 나뉘어 갈등하던 유교 사회에서 '하나님 앞에서 모두가 평등하다'고 가르치고 또 그렇게 행동하였다. 신분차별과 남녀차별의 사회제도나 관행을 하나님이 만든 것이 아니라 사람이 만든 '사악한 것'이라고 가르치며 이러한 제도와 관행을 혁파하려고 했다. 사람이 만든 법이나 제도는 사람을 위해 바꿀 수 있다는 믿음과 변혁의 이념, 다시 말하면 기존의 유교질서와 맞서고 그리고 돌파하려는 신념체계를 제공해 주는 공동체였다. 이 종교 공동체로 들어서기만 하면 양반이나 상민이나, 어른이나 아이나, 남자나 여자나 그 누구나 '그리스도 안에서 형제자매'가 되었다. 유교의 구별과 차별의 질서와는 전혀 다른 '새로운 삶'을 경험할 수가 있었고, 이를 체험한 이들이 유교사회와는 전혀 다른 공동체를 이루어 갔던 것이다.

그렇기에 이 종교공동체는 양반, 상민 그리고 천민이라는 신분을 따지지 않고 함께 자리하여 모든 것을 함께 의논하고 토론하는 교육의 마당이 되었다. 이 공동체에서는 신분, 성, 나이의 구분을 넘어 한 방에 모여 함께 예배보고, 한 하나님에게 함께 무릎 꿇고 기도하였다. 상민이나 천민도 양반처럼 집사나 영수(후에는 장로)가 되었고, 양반 출신만이 아니라 상민이나 천민도 신학교에 가 교육받고 목사도 되었다. 이 공동체는 남녀를 구별하지 않고 교육을 시켰으며, 나이를 따지지 않고 서로 귀중하게 여기었다. 교회재정, 교회운영, 심지어는 교회건물 수리와 같은 관리문제에도 신분이나 성의 차별없이 당회니 제직회니, oo 위원회니 하는 기구를 만들어 논의와 토론을 거쳐 결정하였다. 당시 교회에는 청년회나 찬양대 그리고 소년회와 같은 활동도 있어 남녀, 신분 구분없이 함께 하는 훈련도 하였고, 나아가 회장을 비롯한 간부를 뽑고 뽑히는, 그리고 모임을 조직하고 운영하며 참여하는 정치훈련의 마당도 가지고 있었다.

구한말 변혁이다 개혁이다 하는 소리가 드높을 때 새로운 사회운동, 새 교육운동, 새 문화운동이 애국의 열기와 함께 온 나라로 퍼져 나갔다. 나의 연구에 의하면, 이러한 운동은 바로 기독교 공동체 구성원들이 주도하였는데, 이는 바로 위에서 말한 바와 같이 기독교 교인들은 이미 그러한 신념을 가지고 그들의 공동체 안에서 시행하고 체험하였으며 그리고 훈련을 받았기 때문이다. 그들의 개혁열기가 교회울타리 밖으로 옮아 간 현상이었다. 교육도, 문화도, 여성문제도, 정치문제도 모두가 교회가 앞서 본보기를 보였고 교회 밖 사회는 이를 뒤따르며 모방하고 있었다. 당시 교회는 역사를, 시대를 앞서 만들고 이끈 '앞섬이'의 공동체였다.(사람의 공동체여서 전혀 흠이 없었던 것은 아니지만 크게 보아 일제시대에도 교회는 앞선 공동체의 모습을 지니고 있었다.)

## 셋

시대를 앞서 생각하고 역사를 만들어 가는 '앞섬이'의 교회모습은 해방 후 권위주의시대, 군사독재시대를 지나면서 자취를 감추게 된다. 일제시대 후반에 기독교공동체 한 구석에서 나타나기 시작한 친일행적이라는 현실과의 타협과 안주에서 무기력한 오늘의 교회를 논의할 수도 있을 것이다. 또한 해방 후 미군정과 이승만 시대에 자리를 틀기 시작한 교회와 세속권력과의 유착에서 역동성을 잃은 무기력한 오늘의 교회에 대한 논의를 시작할 수도 있을 것이다. 나는 이미 '천박한 물량주의', '이기적 기복신앙' 그리고 '전투적 반공주의'가 우리 기독교의 일그러진 모습이자 특징이라고 논의한 적이 있다. 그리고 나는 한국교회의 놀라운 교회성장을 교회의 제도화 과정으로 인식하고, 그 제도화 과정은 제도권에서 '자리'를 잡은 이들이 교인이 되고, 교회 지도자가 되어 교회를 운영함으로 그들의 '자리'와 '이해'가 있는 현실에 타협하고 안주하는 공동체가 된 역사를 사회사적으로 설명한 적도 있다. 그래서 나는 여기에서 이러한 한국교회의 특성들을 다시 논의하지 않는다.

그러나 우리는 변혁과 개혁의 세상(사회)보다 그 걸음이 느리고, 심지어는 교회 밖의 힘찬 변혁과 개혁의 행보를 막으려는 듯한 오늘의 기독교에 대한 논의를 박정희시대이래 우리 사회에 팽배한 가치인 '경제주의'와 이어서 읽어보려고 한다. 사회학자 박영신의 글을 따와 본다.

"교회는 어떤가?… 경제주의의 추세를 교회가 철저히 반영하고 그 원리를 차라리 후원하고 있다. 교회마다 물질적 풍요와 여유를 찾기에 급급하고, 교회의 부흥과 영향력을 교인 수와 헌금액 등에 비추어 모든 것을 물량적으로 측정하여, 교회원의 가정마다 물질적 축복을 비는 신앙(?)으로 넘치게 되었다……. 도시의 교회가 바야흐로 합리적 '행정'이다, 시스템의 '경영'이라고 알

듯 모를 듯 입으로 토해 내면서 목회를 이 방식으로 규정짓는 시대의 늪 속으로 깊숙이 빠져 든 것이다, 그리하여 교인의 믿음생활은 수량화 하여 수치로 등급화 하는 데에 미치고 있는 것이다… 기독교의 가르침에 의해 형성되어 온 세계인식의 틀이 세속적 경제주의에 침몰되어, 교회가 마치 기업적 이해관계로 엮어진 조직으로 화석되어 그 관리와 운영의 성격이 재화 획득과 축적이라는 경제적 욕구를 만족시켜 가는 기업체의 그것과 매우 흡사해지고 있다고 말할 수 있게 되었다."

그렇다. 한국교회의 폭발적 성장을 낳은 시대가 박정희의 경제주의(박영신은 자본주의와 구별한다)시대와 일치하고 있다는 역사 사실에 주목하고자 한다. (합법과 불법의) 모든 수단과 방법을 다하여 경제성장에 혼신의 힘을 다한 그 시대, 경제가 인권이나 민주에 우선하고, 돈이 정의나 어떤 윤리적 가치보다 더 중히 여기던 시대를 우리는 지나왔다. 그 시대를 거치면서 교회는 성장하였고, 그 시대를 거치면서 세계 10대 대형교회 가운데 다섯 개를 포함 대형교회들이 여기저기 경쟁적으로 들어섰다. 1960, 70, 80년대 세계적인 재벌들이 자리한 것처럼 말이다.

세상에서와 똑같이 수치로, 물량으로 교회를 측정하고 신앙을 측정하는 시대가 되었다. 재벌들의 순위를 매기 듯 우리고 교회를 수치로 순위를 매기어 왔다. '참 교회'가 무엇인지 모를 지경이 되었다. 경제주의 늪에 푹 빠져 모든 것을 경제에 터해 셈을 하게 되었다. 교회가 세상 기업 흉내를 내게 되었다. 예외가 있겠으나, 그렇게 하는 교회만이 '성장'하였다.

　이 경제주의시대에는 '목표'와 그에 이르는 '효율'만이 강조된다. 물량적 목표이고 그 목표를 향해 절차는 두시된다. 권위적인 독재정부도 그랬고, 재벌들도 그러했으며, 우리 모두가 그랬다. 교회도 그랬다. 세상이 수출목표액을 정해 질주할 때 교단마다 '만교회운동'과 같은 현수막을 내걸고 독립교회나 군소교단의 교회를 영립하고, 교회마다 '배가운동'이라며 옆 교회 교인을 데리고 온다. 목표를 달성하는 것이 중요하지 절차는 그리 중요하지 않는다. 수출에 공헌한 기업가에게 산업훈장을 줄 때, 교회는 전도 왕들을 뽑아 시상하였다. 한 마디로 교회는 세상의 경제주의에 노예가 되어버린 것이다.

　이 경제주의시대에는 '강력한 리더십'이 강조되었다. 경제성장이나 수출목표를 달성하기 위해서는 박정희와 같은 강력한 지도자가 있어야 한다고 우리는 세뇌 받았다. 세상기업도 그랬고 교회도 따라했다. 카리스마를 가진 지도자의 영도(?)아래 성장을 푯대로 모두가 뭉치어 돌진하자고 했다. 이러한 문화가 자리할 때는 헌법, 법 그리고 제도도 지도자의 뜻에 따라 바꿀 수 있고, 기구도 쉬이 개편할 수도 있으며, 예산을 비롯한 여러 재정문제도 임의대로 편성되고 운용되었다. 교회의 재정문제도 세상의 지도자가 한 것처럼 그렇게 임의대로 운용되었다. 정치인이나 기업인이 '비자금'을 가지고 있듯이 큰 교회 목회자들도 임의대로 쓸 '비자금'이 있었다. 법이나 절차가 중요한 것이 아니라 신속한 집행을 말하고 효율을 내세우면서 말이다.

### 넷

이제 한국교회에는 더 이상 시대에 앞서 역사를 만들어가는 '앞섬이'의 모습이 없다. 경제주의와 같은 '세상 것' 따라하는 모습이 있을 뿐이다. 구한말에 들어선 교회는 '효율'을 내세워 세상의 가치를 좇으며 세상의 방식으로 자리매김하지 않았다. 세상의 가치와 방식을 혁파되어야 하는 것으로 인식하며 '하늘나라'의 가치와 방식으로 공동체를 만들고 운영하였다. 그런데 오늘의 교회는 세상 가치, 세상 방식, 온통 세상 것들로 가득 차 있다.

문제는 교회 밖 세상에는 투명성을 강조하고 절차를 중히 여기는 개혁과 변혁의 물결이 드높다. 이것은 시대의 흐름이다. 정치권도 맑아지고 있고, 재계도, 교육계도 맑아지고 있다. 예전에 당연했던 관행인 '공천장사'도 철퇴를 맞았고, 재벌들의 세습과 불법경영도 더 이상 설 자리를 찾기 어렵게 되었다. 교직 장사도 어렵게 되고 봉투도 사라진지 오래되었다. 법으로 정한 퇴임 때가 되면 교사나 교수는 퇴임한다. 건강해도 말이다. 세상은 더욱 더 맑아질 것이다. 갈등, 토론 그리고 논의의 과정을 통해서 말이다.

그런데 이상한 것은 '세상 따라 하기'에 익숙한 교회는 투명해가는 사회를 뒤따라가지도 않고 뒤에 우두커니 서 있다. 아니 밖의 개혁행보를 적극적으로 막고 있는 모습이다. 재벌의 세습이 철퇴를 맞아도 기업화된 교회의 세습은 그대로다. 기업은 투명한 재무관리를 하지 않으면 세무조사와 같은 제재를 받는데 교회는 '치외법권지대'이다. 하고 싶으면 은퇴하고 하기 싫으면 시무연장 한다. 비정규직에 대한 논의가 한창인데 교회 안에는 비정규직이 비일비재하다. 아직도 '비자금'이 있다. 효율적 선교나 전도를 위해서라는 단서를 붙이고 있지만 말이다. 어떤 이는 대형교회 목사들은 '체면유지비'가 필요하지 않는가 항변하기도 한다.

개발독재시대, 경제주의시대의 관행이 하나 둘 비판 받고 역사에서 사라지고 있는데, 교회에는 그 시대의 가치와 관행이 그대로 있다. 세상보다 뒤에 있으니 세상의 비난, 비판, 조롱은 혼자 뒤집어쓴다. 목사를 '먹사'라고 비아냥대고 기독교를 '개독교'라고 조롱한다. (이런 시대에 개혁한다며 기독교 간판을 내걸고 정치판에 뛰어든 이들의 용기는 정말 대단하다.)

### 다섯

어떻게 할 것인가.

나는 교회가 세상과 '거리두기'를 해야 한다고 주장한 바가 있다. 세상 가치와, 세상 법도와, 세상 방식과 거리를 두는 운동을 벌리자고 제안한 적도 있다. '예루살렘 가치'를 가르치지 않은 예수, '예루살렘 식'으로 효율을 내세우지 않은 예수, 아니 '예루살렘'과 맞서 베들레헴에 나서 갈릴리 같은 곳을 다니며 '하늘나라,' 그 나라의 가치와 법도를 가르친 바로 그 예수로 돌아가는 운동을 주창한 적도 있다.

예수를 말하나 예수가 없는 한국교회, 예수를 말하나 '경제'나 '성장'이나 수치를 우위에 둔 한국교회, 가시면류관의 예수가 금관으로 둔갑하고 있는 한국교회에 이러한 예수운동이 잉태될까. 한국교회를 바라보는 우리의 마음은 그렇게 밝지 않다.

# 6·25 이후 기독교에 뿌리 내린 반(反)기독교 정신
−천박한 물량주의, 이기적 기복신앙, 전투적 반공주의

1950년 6·25전쟁이 일어나자 북한의 교회는 김일성 세력을, 남한의 교회는 이승만 세력을 적극적으로 지원하였다. 북한교회는 '미 제국주의자들의 지배로부터 조국을 해방시키려 한다'는 북한 정권의 주장에 적극적으로 동조하였다. 장로교 총회장이었던 김익두 목사가 군기 기금으로 10만 원을 헌금하였는가 하면, 1950년 8월 5일 장로교·감리교·성공회·성결교 등 각 교파의 성직자들이 성문밖교회에 모여 전쟁 승리를 호소하는 궐기대회도 열었다. 북한 인민군이 서울에 입성하자 월북한 기독교 지도자들과 그들에 동조하는 일부 남한 기독교 지도자들은 '기독교민주동맹'을 재건하고 인민군 환영대회, 국방헌금 모금, 노동력 동원, 신도궐기대회 등을 통해 북한의 전쟁을 지원하였다.

남한교회도 마찬가지다. 1950년 7월 3일 피난지 대전에서 한경직·김병섭·황금천·손두환·임병덕 등 교회지도자들은 대한기독교구국회를 결성, 전선을 따라다니며 남한 국군을 선무하고 기독청년을 모집, 전선으로 내보냈다. 9월 28일 서울을 수복한 다음 날 중앙청 광장에서 열린 수복기념회에 '하나님 은혜로 싸웠고 하나님의 도우심으로 수복하게 되었다'고 믿는 기독교지도자들과 신도들이 대거 참석하였음은 물론이다. 이와 함께 남한교회는 대중집회를 열어 미국 대통령, 유엔 사무총장 등에게 지원을 요청하는 메시지를 채택, 전달하였는가 하면, 빈번히 부흥회를 열어 전쟁 승리를 열렬히 기도하였다.

전쟁 과정과 그 이후에 남한 교회에 나타난 물량주의·기복신앙·반공주의의 세 가지 특성이 지금까지 이어지고 있다. 남북화해나 남북협력의 시대에 이 세 가지 특성은 매우 심각한 문제다.

오늘날 한국교회는 천박한 경제주의 늪에 빠져 질보다 양을 추구하고 너도나도 '큰 교회'가 되고자 한다. 이러한 현상은 분명 조국근대화다, 민족중흥이다 외치며 세계 최대의 공장을 세우겠다는 시대정신과 이어져 있다. 그러나 교회가 이러한 세속적 경제주의나 천박한 물량주의에 빠진 것은 1960년대부터가 아니라 그 이전인 6·25전쟁으로 비롯되었다. 우리나라 최초의 대형교회인 영락교회의 역사를 보기로 삼아보자.

영락교회의 전신인 베다니전도교회는 북에서 이주해 온 이들이 기독교 신자든 아니든 종교행사라 하여 정기적으로 모여 예배 보고 서로 위로하며 생활정보를 교환하는 곳이 되었다. 이북에서 이주하는 이들이 급증하자 교회는 급속도로 성장하기 시작하였다. 30여 명으로 시작된 이 교회는 창립 1년 후인 1946년 총 교인 1,438명에 이르는 대형교회가 되었으며, 1947년부터는 2부로 예배를 드려야 했다. 이도 부족해 600여 명이 들어갈 천막을 설치해야 하였고 1947년에는 신자 2,000명이 넘는 교회가 되었다. 고아원을 비롯하여 모자원, 경로원, 중·고등학교 등도 이어서 설립되었다.

한국 최초의 대형교회는 이처럼 남북분단, 6·25전쟁을 겪으며 나타났던 것이다. 그래서 교회사학자 쉬어러(Roy E. Shearer)

는 이들을 '피난민들의 교회'라고 부른다. 영락교회가 내놓은 교회사에도 암시하고 있지만, 쉬어러는 이 피난민들의 입교동기를 위로와 소속감의 필요라고 했다. 전쟁 전후에 고향을 떠나 피난지에서 살아야 하는 이들은 같은 고향(이북)을 가진 이들이 함께 모이는 곳을 찾기 마련이다.

6·25전쟁을 전후해서 '피난민 교회'에 몰려든 이들 가운데는 종교적 친목과 정신적 위로를 찾아 들어온 경우도 있지만 '빵과 천막'이 필요해서 교회로 들어온, 다시 말하면 물질적 입교동기도 있다. 당시 기독교세계봉사회, 기독교아동복리회, 상이군인신생회와 같은 기독교자선기관의 구호활동이 활발하였다. 전쟁 전후에 기독교는 달러, 식량, 의약품, 의복, 텐트를 비롯한 엄청난 양의 구호물자를 미국을 비롯한 서방교회로부터 받았다. 감리교는 1951년 말 12만 달러와 1억 4,385만 원을 받았고, 1952년도에도 15억 원 이상을 받았다. 또 이 구호금에 더하여 감리교는 엄청난 양의 구호물자를 받았음은 물론이다.

특히 구호기금과 물자는 성직자들에 의해 지급되었다. 전국 각지의 성직자들은 구호금과 물자를 받기 위해 이를 통괄하는 서울의 교회지도자들을 찾아다니는 진풍경도 나타났다. 성직자들이 고아원이나 모자원 또는 양로원의 경영권을 따내 운영하는 등 사업가로 변신, 부자가 된 경우도 많았다. 영어 몇 마디 하는 성직자들은 약삭빠르게 미국교회에 선을 대 구호기금과 구호물자를 통괄하게 됐으며 이것을 자기교회를 위해 먼저 사용하기도 하고 한국교회 안에서 자기의 영향력을 확대하는데 이용하기도 하였다. 이처럼 세속적 물량주의에 물들기 시작한 성직자들과 물질적 이유로 교회에 들어온 평신도들이 함께 하는 교회는 1960년대 경제제일주의 시대를 맞아 질보다 수량으로 신앙을 계산하는 조직으로 자리잡게 되었다.

6·25전쟁 전후에 한국교회에 쏟아지는 구호금과 구호물자는 한국교회에서 자립과 독립정신을 빼앗아가고 '거지근성'을 깊게 심었다. 남을 도우려는 마음보다 받으려는 생각이 교회에 만연되었다. 한국교회에 스며든 이 천박한 물량주의는 가진 물질 때문에 교회 울타리 밖 가난한 이들을 '이웃'으로 보지 않고 불쌍한 동정의 대상으로 보는 우월감으로 이어졌다.

기복신앙이라는 것은 병을 고치고 부귀를 추구하며 아이(남자)를 낳는 것 등 세속적 복을 축복으로 여기는 종교적 의식과 행위다. 이기적이고 현세적인 기복신앙은 천박한 물량주의와 함께 한국교회에 깊이 자리하고 있다. 그레이슨(James Huntley Grayson)을 비롯한 여러 학자들이 한국기독교의 기복신앙을 우리의 전통적 무속종교의 영향이라고 주장하고 있지만 김홍수 이사(한국기독교역사연구소)는 이와 견해를 달리 한다. 그는 우리 전통적 샤머니즘의 영향을 부정치 않지만 그보다는 6·25전쟁을 겪으며 기독교의 가르침 안에 스며있는 위로와 생존을 도울 현세적 기복의 요소를 한국 신자들이 찾고, 교회가 이를 강조하게 되었다고 주장한다.

  6·25전쟁으로 가정이 파괴되고 수많은 이들이 죽어갔으며 엄청난 물질적 손실이 생겼다. 깊은 상처와 아픔으로 삶 자체를 무상히 여기는 때에 예수의 이름으로 병도 고치고 물질적 축복도 받으며 정신적 위로를 주는 기복신앙의 단순한 가르침은 전쟁 직후 맹위를 떨치게 된다. 이 때 문선명의 통일교, 박태선의 신앙촌운동을 비롯한 크고 작은 신비주의운동이 이 땅을 뒤덮었다. 종말론적 도피주의든, 치병을 내세우든, 삼박자 축복을 가르

치든, 안수를 주된 의례로 삼든 한국교회에 만연한 현세적이고 이기적인 기복신앙은 분명 6·25전쟁이 야기한 정치적, 경제적, 사회적 변화에서 잉태되고 확산된 것이다.

  이러한 기복신앙은 한국교회사에는 흔히 '성령운동'으로 나타나고 부흥회에서 강조된다. 이를테면 1903년 8월 선교사 하디(R. Hardie) 목사를 비롯한 일곱 선교사가 원산에 모여 함께 성경을 연구하고 기도하는 모임을 가졌다. 이를 계기로 하디는 조선 선교를 하면서 교만한 태도로 지식만을 전하였을 뿐 조선 사람 누구도 감화시켜 회개와 중생의 체험을 하게 하지 못한 점을 스스로, 그리고 공중 앞에서 자복하고 회개하기 시작했다. 이것이 1907년 선교사 블레어(W. N. Blair), 리(Graham Lee) 그리고 조선 교회 지도자인 길선주 목사가 주도하는 대부흥운동으로 번져나가게 되었다. 그 후 1909년과 1910년에도 이른바 '1백만구령운동'이 있었는데, 선교사와 조선 기독교인들이 각 곳에서 부흥회를 하면서 전도에 힘썼는가 하면, 목사 김익두와 이용도의 부흥운동도 일어났다. 이전의 부흥운동이 회개, 기도 그리고 전도를 강조했다면 김익두와 이용도의 운동은 신비적 카리스마적 부흥사가 중심이 되어 기도와 안수로 병을 치유하는 것이 특징이었다.

　김익두와 이용도의 신비운동과 치병운동이 전국교회를 휩쓸게 되는 1930년대와 1940년대에 조선교회의 신앙적 방향이 변화하고 있었다. 윤리적 자각, 전도, 사랑의 사회의식, 성경공부 중심의 사경회 성격을 띤 이전의 부흥운동과는 달리 예수를 믿으면 병도 고치고 세상에서도 축복 받는다는 현세적 기복신앙이 서서히 뿌리 내리기 시작한 것이다. 예수의 삶처럼 스스로 고난에 동참하고 희생과 봉사를 통해 이웃과 더불어 사는 삶을 강조하며 죽은 자를, 억압받는 자를, 연약한 자를 먼저 보살피던 교회는 십자가보다는 오늘날 이 세상에서 나의 축복을 갈망하는 현세적, 물질적, 이기적 기복신앙의 집단이 되고 있었다. 6·25전쟁으로 이러한 이기적 기복신앙이 '성령운동'이란 옷을 입고 한국교회를 헤집고 다니게 되었다.

　오늘의 한국교회는 목사를 세속적 축복의 중재자로 간주하고 목사는 신자들에게 물질적 복을 빌어줄 수 있다는 것을 강조하고 있다. 물량주의와 기복신앙이 교묘하게 혼합된 모습이 대다수의 기독교 신자들에게 나타나 있다. 교회성장도 정신 또는 신앙의 질보다도 교인 수와 헌금의 액수로 측정한다. 영적인 기쁨보다도 사업 번창이나 병 고침이 더 큰 축복으로 간주된다. 이러한 모습은 성경의 가르침에 따라 민족의 삶을 변혁시키려한 구한말과 일제식민시대의 기독교인의 모습과는 너무나 다르다. 교회 울타리 밖의 이웃에게 관심이 없다. 이웃과 사회 그리고 역사를 위한 사랑, 희생 그리고 봉사의 가르침은 퇴색해 가고 이웃 사랑은 자기 가족, 자기 교회 안의 이웃 사랑으로 좁혀져 가고 있다.

일제시대 후반에 사회주의를 비롯한 좌파사상과 운동에 거리를 두기 시작한 기독교였지만 해방정국에서 보듯 기독교 지도자와 신자 가운데 수많은 좌파 인사들이 있었다. 그러나 미국이 주둔한 남쪽에서는 이승만을 비롯한 기독교계 인물들이 득세하고 친기독교적 사회분위기로 되면서 기독교 안의 좌경세력은 약화되어 갔다. 특히 김일성 세력에게 감시와 탄압을 받던 이북의 기독교인들이 대거 남하하게 되자 기독교는 반공의 종교 공동체로 변화되었다. 6·25전쟁으로 북쪽에서 엄청난 사람들이 남으로 피난하였는데 이들이 반공의 맨 앞줄에 서게 되고 반공의 깃발을 높이 쳐든 이승만 정권과 이념적으로, 정치적으로 연대하게 되었다. 이때 교회에는 '공산주의=반기독교', '기독교=반공'의 등식이 깊이 뿌리 내리게 되었다.

특히 6·25전쟁 중 임시수도 부산에서 있었던 이른바 '기독교와 용공정책 팸플릿사건'을 살펴보자. 기독교와 이승만 정부와의 유착을 보여주는 사건이기도 하지만 어떻게 반공주의가 교회 안에 깊게 뿌리내리게 됐는지를 보여주는 사건이다. 1951년 피난지 부산에서 이승만은 목사 송상석, 목사이자 국회의원인 이규갑, 평신도 지도자이자 국회의원인 황성수를 그의 임시관저로 불렀다. 그는 한국기독교교회협의회(KNCC)와 연대하고 있는 세계교회협의회(WCC)의 용공정책에 관한 팸플릿을 이들에게 주면서 한국교회도 세계교회의 용공적 움직임에 주목하고 대처해야 한다고 주문하였다. 이들은 이를 번역하여 22명의 국회의원의 서명을 받아 교계와 정계에 배포하였다. 집권세력과 기독교 지도자들이 연합하여 반공운동을 펼쳤던 것이다. 이미 교회는 6·25전쟁을 '악마와 천사간의 대결'로 인식하였고 공산당 퇴치 전쟁은 십자군 전쟁과 비유하였다. 그래서 이승만의 북진통일을 교회가 지지하게 된 것이다.

보수적 한국기독교의 보수신학의 대부 박형룡 목사는 교회에 '붉은 세력'이 침투하고 있다고 세계교회협의회(WCC)를 겨냥하면서 기독교와 공산주의와는 함께 자리할 수 없다고 설파하였다. 미국의 민권운동가 마틴 루터 킹 목사를 공산주의자들과 결탁하여 방화와 폭동을 일으켰다고 한 미국의 극우 잡지를 박형룡 목사는 즐겨 읽고 또 이러한 미국의 극우 반공주의의 흐름을 한국 기독교, 특히 보수적 교회에 줄기차게 소개하였다. 그는 고려신학교, 장로회신학교 그리고 총회신학교의 신학적 토대를 닦고 수많은 목회자들을 배출하였다. 그의 제자들이 한국의 최대 교파인 장로회 교회에 다니는 이들에게 이러한 전투적 반공주의를 주입시켜 온 것이다.

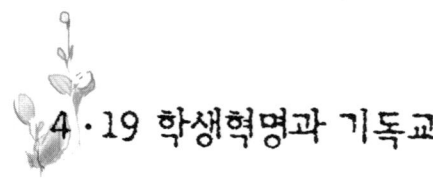
# 4·19 학생혁명과 기독교

전국의 청취자 여러분, 그리고 크리스천 여러분.

오늘은 4·19 학생혁명 기념일입니다. 38년 전 3월 15일에 정·부통령 선거가 있었습니다. 당시 집권여당과 정부는 대통령에 이승만과 부통령에 이기붕을 당선시키기 위해 우리 역사상 전례없는 부정선거를 감행했었습니다. 이를 보고 전국의 대학생들, 고등학교 학생들이 "부정선거 다시 하라", "정·부통령 물러가라" 소리치며 시위를 벌였고, 이를 진압하려는 군·경은 무차별 폭행을 행사, 유혈사태가 벌어졌었습니다. 피를 흘리며 당시 대통령 관저, 경무대로 몰려오는 학생, 시민의 힘에 두 무릎을 꿇었습니다. 이것이 바로 4·19 학생혁명입니다.

이 혁명으로 우리 민족 공동체가 참 민주화의 지나긴 여정에 들어서게 되었고, 이 혁명으로 우리 민족 공동체가 정의로운 사회건설을 위한 터를 더욱 다지게 되었습니다. 우리 현대사에 그야말로 우뚝 선 대사건이었습니다.

이 학생혁명과 기독교는 어떤 관계가 있습니까. 불행히도, 기독교는 피흘리며 외쳐대는 학생들의 의로운 민주화 함성과는 아무런 관계가 없었습니다. 오히려 이들의 피흘림으로 무너진 이승만 정권과 밀접한 관계가 있었습니다. 이 땅에 살고 있으나 항상 하늘나라를 바라보며 하늘나라가 이 땅에 임하기를 갈구하여야 하는, 초월의 신앙을 가지어야 하는 크리스천들. 초월 신앙의 공동체이어야 하는 기독교가 세속권력과 야합하고 있었고, 그 권력이 무너지자 당황해 갈피를 못 잡는 교회. 그런 교회가 우리의 교회였습니다. 그렇기 때문에 저는, 4·19 학생 혁명 기념일을 맞아, 그 당시 우리 사회에서 기독교의 자리, 그 이후 오늘에 이르기까지의 기독교의 모습을 역사학자로서 진솔하게, 기독교인으로서 자성적으로 살펴, 여러분과 제가 우리 역사 앞에, 우리의 하나님 앞에 어떠한 모습으로 서있는가 비추어 보고자 합니다.

여러분이 익히 알고 계신 바와 같이, 기독교는 한 세기전, 구한말에 이 땅에 들어왔습니다. 그러나 이 땅에서 펼쳐진 기독교의 역사는 다른 피선교국의 기독교 역사와는 너무도 다릅니다. 이를테면, 중국, 인도와 같은 나라에서는 식민 야욕을 가진 서양 제국의 기독교를 전해 주었습니다. 당연히 기독교는 서양 제국의 팽창주의의 전위 이데올로기로, 선교사들은 서양 제국주의 앞잡이로 간주되어 기독교가 뿌리내리기 힘들었고, 그래서 교회 성장도 보잘것이 없습니다. 그러나 우리의 기독교 역사는 달랐습니다. 하나님의 크신 섭리 가운데 이루어진 것이라 믿습니다만, 이 땅에서는 기독교를 전해준 서양 나라들이 우리를 삼키려는 식민제국으로 나타나지 않고, 비서양, 비기독교국가인 이웃, 일본이 식민침략세력으로 우리 민족에게 다가왔고, 비기독교 아닌 반기독교 나라인 일본에게 40여년 동안 짓밟혀 왔습니다. 바로 이 특수한 역사적 상황에서 기독교와 우리 민족은 각별하게 만나게 되었습니다.

식민야욕을 드러내놓고 돌진해오는 일본과 맞선 시급한 상황에서, 앞선 서양문물을 수용하여 유교적 봉건질서에 처한 나라를 개혁, 부강하게 만들어야 한다는 생각이 움터, 널리 퍼지게 되었습니다. 바로 이 개화, 개혁의 세력이 근대식 학교와 병원을 세워 서양문물을 가르치는 기독교로 들어오게 되었습니다. 또한 유교적 봉건질서에서 천대받고 억눌려온 부녀자들, 상민과 천민들이 "하나님 앞에 모두가 평등하다." 고 가르치는 기독교로 떼지어 들어왔습니다. 그래서 당시 기독교는 조선 개혁세력, 유교적 봉건질서를 허물어 버리겠다는 이들의 공동체가 되었습니다.

당시 기독교인들은 유교적 관행이나 습속을 내동댕이친 이들이었습니다. 제사지내는 것이 우상숭배라고 단호히 거부한 이들, 남녀차별, 신분, 계급 차별이 사악한 것, 반 기독교적인 것으로 정죄하고 타파하려 했던 이들이 크리스천들이었습니다. 위세 부리던 양반이 기독교인이 되어 교인들 앞에 서서, 이전에 상놈을 차별하고 오만하게 군 죄를 고백하는 곳이 당시 교회였습니다. 한 하나님을 섬기기 위해 양반과 상놈이, 남자와 여자가 한 자리에 모여, 함께 찬송가를 부르고, 함께 성경 읽고, 함께 무릎 꿇고 기도하는 공동체가 교회였습니다. 천대받던 여자, 상놈, 천민이 차별받지 않고 교육을 받는 곳, 유교적 사회에서 천대받는 이들이 교회에서는 집사니 장로니, 청년회 회장이니 부인 전도회 회장이니 하는 간부의 자리에 올라 봉사할 수 있는 곳도 교회였습니다. 이처럼 구한 말 기독교는 조선 개혁 세력의 공동체였고, 이 공동체에서는 유교적 봉건 질서로 비판하는 소리가 끊임없고, 유교적 봉건 질서가 무너지는 일들이 끊임없이 일어나는 그야말로 혁명적 개혁의 공동체였습니다.

당시 기독교는 유교적 조선사회의 기득권 세력과 야합하여 현실에 안주하는 종교 집단이 되기를 단연 거부하였습니다. 유교적 봉건 사회에 있으나 항상 하늘나라를 바라보며, 하늘나라 잣대로 유교적 조선사회를 보고자했던 초월신앙의 공동체, 그래서 개혁적 공동체였던 것입니다. 바로 이 때문에 기독교로 유교적 봉건질서를 혁파하여 민주질서를 세우려는 독립협회와 같은 새 사회, 새 교육, 새 정치운동이 한 가운데 서서 유교적 기득권 세력과 맞섰고, 그래서 그 세속권력에 의해 핍박받았던 것입니다. 그러나 조선을 개혁하려는 세력은 더욱 많아졌고 이에 비례하여 기독교는 계속 성장을 하였던 것입니다. 또한 기독교의 성장을 조선 개혁세력의 확대를 의미하는 것이어서 기독교가 성장해 나가자 유교적 조선을 개혁하자는 물결을 더욱 힘차게 출렁이게 되었던 것입니다.

불행히도, 당시 유교적 기득권세력의 계속된 완강한 저항으로 기독교가 중심이 된 조선개혁, 부강한 근대국가를 이루지 못하고, 여러분이 익히 아시는 바와 같이, 1905년 보호조치, 1910년 합방으로 간악하기 짝이 없는 일본제국의 식민지가 되어, 1945년 해방이 될 때까지 약 40여 년간 우리 민족은 일본의 혹독한 식민통치를 받게 되었습니다.

이 일제 식민 통치 시대에 기독교는 단순히 순수한 종교공동체로, 크리스천들은 식민 상황에서 교회 안에 안주하고 있지 않았습니다. 아니 그럴 수가 없었습니다. 예수 믿는 이는 세상나라가 아니라 하늘나라 시민임을 고백한 이들, 이 세상에 살면서도 하늘나라를 그리는 이들이기에, 조선 크리스천들은 식민 상황을 정면으로 돌파하여 나가는 출애굽의 기도, 일제 식민의 굴레를 떨쳐 버리고 새 하늘과 새 땅을 갈구하는 기도, 새 하늘과 새 땅을 염원하는 행동을 하지 않고는 삶의 의미를 찾을 수가 없었습니다.

당시 조선 크리스천들은 나의 안위, 내 가족의 평안함, 내 교회의 안전을 위해 교회 안에 몸을 도사리며 숨기지 않고, 교회에 모여 독립을 기도하고, 독립을 열망하며 출애굽의 역사를 읽고, 또 새 하늘, 새 땅을 기리며 묵시록을 읽고 또 읽으며, 교회 울타리 밖으로 나가 독립 운동을 감행하였던 것입니다.

합방 직후 일어난 105인 사건은 상동감리 교회를 본부로 삼아 조직된 기독교 지도자 중심의 비밀 결사 조직인, 독립 운동 단체 신민회를 와해시키려 조작한 사건입니다. 이 사건으로 당대 최고의 기독교 지도자들인 윤치호, 전덕기 목사와 같은 이들이 체포되어 혹독한 고문을 받으며 감옥살이를 살았습니다. 1919년 3월 1일을 기점으로 전국 방방곡곡에서 터진 독립만에 운동 때도 기독교가, 크리스천들이 한 가운데 서 있었습니다. 교회가 불타고, 교인들은 총에 맞아 죽고, 살아남은 이는 부상을 입거나 감옥살이 신세를 져야 했고 또는 지속적 감시를 받으며 살아야 했습니다. 민족 구성원 거의 모두가 따랐던 신사참배를 우상숭배라며 거부하여 옥에서 매맞아 죽어간 이들도 모두 크리스천들이었습니다.

이 암울했던 일제시대에 기독교는 우리 민족이 만나 서로 위로하고 나라를 걱정하는 장소였고, 반일 독립 운동을 모의하는 곳, 독립운동의 조직적 거점이기도 하였습니다. 바로 이 때문에 기독교 지도자들은 우리 민족의 지도자로 떠올랐던 것입니다. 기독교 지도자들은 단순히 종교 지도자가 아니라, 교육·사회·문화·정치 등 여러 방면에서 지도자로 활동하였습니다. 민족의 아픔과 슬픔을 함께 하는 기독교 지도자들, 그래서 세속권력으로부터 혹독한 탄압과 감시를 받아야 했던 기독교 지도자들, 그러나 우리 민족이 높이 존경하는, 그리고 따르는 영예를 기독교 지도자들은 누리게 되었습니다.

1945년 8월 15일, 연합군의 승리로 일제가 항복하게 되어 그 혹독하고 악독한 식민사슬에서 우리 민족은 해방되었습니다. 새 나라를 건설하려는 여러 세력, 여러 소리가 이곳저곳에서 나타났습니다. 이른바 해방공간이 펼쳐진 것입니다. 이 해방공간에서 기독교인들, 특히 기독교 지도자들이 우리의 정치 지도자로 떠오르게 되었습니다. 여러분이 알고계신 바와 같이, 일제시대 나라 안팎에서 활동하던 이승만, 김구, 김규식, 조만식, 여운형, 이시영, 함태영 등 해방정국을 이끌었던 이들이 거의 모두 기독교 지도자들, 기독교가 배출한 이들이었습니다.

여기서 자세히 말씀드릴 수가 없지만, "해방공간"이란 기회를 지혜롭게 활용치 못한 우리 민족은 남북으로 분단되는 비극의 시대를 맞게 되었습니다. 여러분과 제가 삶을 꾸려가는 이곳, 두 조각난 나라의 남쪽에서는 이승만을 대통령으로 대한민국이 탄생하였습니다. 1984년 대통령이 된 이승만과 그 추종 세력은 국민 여망을 저버리고 재헌을 강행, 장기 집권을 획책하였습니다. 이에 치러진 1960년 3월 15일 정·부통령 선거에서 이승만과 이기붕을 정·부통령으로 당선시키기 위해 타락, 관권, 부정선거를 감행하게 되었던 것입니다. 앞서 말씀드린 대로, 대학생들, 심지어 고등학생들 까지 캠퍼스를 뛰쳐나와 부정·타락선거를 규탄하고, 불의한 독재정권의 타도를 외쳐댔습니다. 독재정권의 타도를 외쳐댔습니다. 독재정권의 하수인 노릇을 하던 군·경의 무차별, 무분별한 폭력진압으로 수많은 사상자를 내었고, 분노하는 학생, 시민의 시위대가 경무대로 돌진할 때 이승만은 하야하고 하와이로 망명길에 올랐습니다. 젊은이들의 피의 힘은 막강한 경찰과 군대를 가진 독재 정권을 무너뜨리고 새로이 민주 터전을 마련한 것입니다. 4·19 학생 혁명입니다.

이승만 집권 13년 동안 기독교, 크리스천들은 어떠한 자리에 있었습니까. 한국 기독교, 크리스천들은 지속적으로 이승만 정권을 기독교 정권이라며 열렬한 지지를 보냈습니다. 단순히 이승만이 기독교인이고 부통령, 장관, 집권여당의 지도자들 가운데 기독교인이 많다는 이유로 기독교는 부도덕하고 불의한 독재 정권을 지지했습니다. 대통령이 취임할 때 성경위에 손을 얹고 선서했다는 이유로, 불의의 독재정권을 기독교는 지지했습니다. 군대에 군목제도를 만들고 주일과 크리스마스를 공휴일로 정했다 하여 부도덕한 독재 정권을 지지 하였습니다. 기독교인이 전체 인구의 10%도 안될 때, 행정부를 비롯한 당시 지도자들의 40%가 기독교인들이라 하여 불의한 독재 질서에 안주하였습니다. 그야말로 이승만 시대에 기독교와 크리스천들은 엄청난 영향력을 발휘하였고 위세를 부리고 있었습니다. 그래서 어떤 역사학자는 이승만 시대를 기독교 시대라고 부르기도 합니다.

미군정 때나 이승만 정권 때 특혜를 받아 기독교인들이 정치 지도자가 되었다는 역사학계 일각의 주장에 나는 동의하지 않습니다. 기독교인들이 정계에 나가 지도자가 된 것은, 구한 말, 일제시대를 거치면서 우리 민족의 고난과 함께 하였기 때문에 해방 후 지도자로 떠오른 것입니다. 누구보다도 더 먼저, 더 높은 수준의 교육을 받았고, 누구보다도 앞서 새로운 정치 기술을 배워 교회 안팎의 크고 작은 모임을 만들고 이끌어 옴으로 "지도자 훈련"을 누구보다도 더 먼저, 더 잘 받았기 때문에 기독교 지도자들이 정치, 사회 지도자로 등장하게 된 것입니다. 저는 기독교인들이 사회에서, 정치계에서 지도자가 되었다는 사실은 한국 교회가 부끄러워해야 할 일이 아니라 오히려 자랑하여야 할 일이라고 생각합니다. 기독교인들이 누구보다 앞서 깨어나 새 학문을 배우고, 일제 암울한 시대를 거치는 동안 우리 민족의 슬픔과 아픔을 함께 했기 때문에, 해방 후 누구보다도 더 준비된, 그리고 국민의 존경을 받는 이들이 되어 자연히 사회, 정치 지도자로 떠올랐다고 주장하는 역사학자입니다.

문제는 사회, 정치 지도자가 된 후, 이들은 하늘나라를 그리며 이 세상 것을 초월하려는, 그래서 개혁적이고 진보적일 수밖에 없는, 기독교적 사회, 정치의식을 잃어갔다는 사실입니다. 기독교인들이 세속권력의 주도세력이 되었을 때, 한국 기독교가 그

권력과 유착하여 현실에 안주하게 되었다는 사실이 문제입니다. "오늘, 여기"의 벽을 끊임없이 부수어가야 하는 기독교가, 기독교인들이 어떻게 세속권력과, 특히 불의하고 부패한 세속권력과 같은 침대에서 잠을 잘 수가 있습니까. 주의 나라를 이 땅에 이루어야 하는 기독교가, 기독교인들이 어떻게 부도덕, 불의, 부패한 독재자와 동침을 할 수가 있습니까.

그러나 당시 한국 기독교는 이승만 정권을 맹목적으로 지지하는 세속의 종교 집단이었습니다. 선거 때마다 기독교는 '한국 기독교 선거 대책위원회'를 만들어 이승만과 그 추종세력을 당선시키기 위해 맹렬히 활동하였습니다. 전국에 펼쳐져 있는 3천 5백여 개의 교회 조직을 동원하여, 또한 기독교계 신문들을 통하여 조직적으로 선거운동을 하였습니다. 심지어 기독교 지도자들은 독재자 이승만을 "모세"로, 그 하수인 이기붕을 "여호수아"로 부르면서 선거를 기독교 세력과 반기독교 세력과의 종교전쟁으로 선전, 전국의 기독교인들을 선거운동원화 시켰습니다. 선거 전 주일날에는 전국 교회가 이승만과 그 추종세력을 당선시키기 위한 "특별 기도회"를 가지기도 하였습니다.

지금은 은퇴하신 나의 아버지 박명수 목사님은 그 당시 경상북도 문경에서 목회하고 계셨습니다. 총회에서, 중앙의 기독교 지도자들로부터 이승만 지지 촉구와 그 추종 세력들의 당선을 위한 선거 운동을 촉구하는 수많은 서신들, 이승만 선거운동 선전물 같은 기독교계 신문들을 무료로 교인에게 배부하라고 뭉치로 전달되었지만, 교인들에게 나누어 주지 않고 불살라 버리거나 벽장 깊숙이 넣어 두었다고 회고록에서 증언하고 계십니다. 이처럼 전국의 모든 지도자들이 모두 이승만 독재의 하수인은 아니었을 것입니다. 그러나 전체적으로 보아, 이 땅에 있으나 저 나라를 그리며 이 땅에 주님의 뜻을 이루어야 하는 기독교, 그래서 이 땅에 있으나 이곳의 것을 혁파해나가야 하는 기독교가 세속권력의 종노릇하는 종교 집단이 된 것입니다. 앞서 말씀드렸지만, 이승만 정권 13년 동안 한국 기독교는 세속권력과 깊고 달콤한 잠을 자고 있었습니다.

이렇게 볼 때, 4·19 학생혁명은 이승만 독재정권을 무너뜨린 대사건, 그래서 그와 깊이 잠자고 있던 한국 기독교에 철퇴를 가한 사건이기도 합니다. 지금은 세상을 떠났지만. 한국 기독교의 대표적 지성인 김재준 목사는 4·19를 "어두움을 꿰뚫은 섬광"이었고, 이를 계기로 한국 교회가 술렁이게 되었다고 회고한 적이 있습니다. 무너진 독재정권의 죄악을 교회가 책임져야 한다는 소리가 나와 장하구 목사는 당시 교회는 교회 밖의 외침이 무엇인지도 모르고 깊은 잠에 빠져 있었는데, 바로 문 밖에 와서 "아침"이 되었다 소리 지르자 귀찮은 듯 눈을 비비고 일어났다고 당시 한국 교회를 그리고 있습니다. 새문안교회 청년들은 "교회의 달력은 아직도 4월 18일"이라고 독재자와의 동침에서 아직 깨어나지 못한 교회를 고발하고 있었습니다.

그렇습니다. 4·19 혁명으로 한국 교회는 하나님 앞에 무릎 꿇고, 불의와 부패의 독재와 동침한 음란죄를 고백하지 않았습니다. 하늘나라 사람이 세상 권력과 짝하여 놀아난 간음죄를 회개하지 않았습니다. 오히려 그 단잠의 달콤함, 그 동침의 짜릿함을 그리워하며, 잠을 깨운 이들을 원망하는 듯 했습니다. 4·19 혁명 직후, 한국 교회가 회개하지 않았기 때문에 그 이후 펼쳐진 30여년의 군사 독재 시대를 지나오면서, 또다시 그 불의, 그 폭력의 세력과 호화호텔에 함께 앉아, 구국 기도회니, 조찬 기도회니 판을 벌려, 그들을 위해 기도하고 찬송했고 또 위대한 지도자라고 치켜세운 것입니다.

물론 그 때, 이 군사독재 세력과 맞서, 인권과 민주를 외치며 감옥에 가고 고문 받은 김재준, 문익환, 장준하, 김관석, 문동환, 안병무와 같은 기독교 지도자가 있었습니다. 이 세상 권력과 짝하여 현실에 안주, 안락하게 삶을 꾸리기를 거부하고, 저 나라의 잣대로 군사 독재 실서를 질타하면서, 고통의 삶을 꾸린 참 그리스도인들, 그래서 이 사회가 존경하고 따른 기독교 지도자들도 있었습니다.

그러나 한국 기독교는 학생들이 민주다 인권이다 외치며 감옥에 가 고문당하고 삼청교육대에 끌려가 병신이 되어도, 아니 빛의 고을 광주에서 민주, 인권의 피를 토하고 사람이 죽어가도 극히 소수를 제외하고는 침묵을 지키었습니다. 구한 말, 일제시대 우리의 선배 기독교인들이라면 군사 독재의 총칼 앞에 굳건히 서서 국민과 함께 감옥가고, 국민과 함께 매 맞고, 국민과 함께 죽어갔을 것입니다. 그렇지 못한 것은 4·19 혁명이 있었어도 반성이나 회개를 하지 않은 까닭입니다. 이 세상과 짝하여, 이 세상 기준대로, 이 세상에 속한 이들처럼 삶을 꾸리는 오늘의 크리스천들, 그들의 공동체 기독교는 참다운 기독교는 아닐 것입니다. 이러한 기독교에 적을 둔 이들이 대통령이 되고, 장관이 되고, 국회의원이 되어도, 주님의 나라가 이 땅에 임하지 않습니다. 바로 지난 몇 년 동안 벌어진 나라의 일들이 이를 웅변적으로 말해주지 않습니까. 오히려 그런 기독교인들이 대통령이 되고 장관이 되는 것이 기독교를, 하나님을 욕되게 하는 것입니다.

저와 여러분, 우리는 지금 어디에 서 있습니까. 우리 역사와 우리의 하나님 앞에 우리는, 우리 교회는 어떠한 모습을 하고 있습니까.

주를 믿고 십자가를 지겠다고 언약한 우리가 십자가는 지지 않고 편안히 세상과 짝하고 있지 않습니까. 좁은 길을 택하여야 하는 우리가 세상 무리를 따라 넓은 길을 걷고 있지 않습니까. 주를 따라야 하는 우리가 세상 무리 다수가 간다하여 그들 뒤를 따르고 있지 않습니까. 주의 가르침을 쫓아야 하는 우리가 우리의 좁은 생각과 세상의 방식을 따라가고 있지 않습니까. 하늘의 방식으로 운영되어야 할 우리 교회가 세상 기업체처럼 운영되고 있지 않습니까. 초월신앙을 가진 이들이 이끌어야 할 우리 교회가 세상에서 세상 방식으로 치부한 이들이 이끌지 않습니까. 주님의 뜻을 이 땅에 펴야할 우리 교회가 이 세상의 권력, 이 세상의 부, 이 세상의 명예를 축복이라 가르치고 있지 않습니까. 하늘나라 백성의 공동체이어야할 우리 교회가 교회당, 기도원, 수련원을 지으며 세상 법을 어기고 하나님이 주신 자연환경을 파괴하지 않았습니까. 힘없는 자 편에 서야하는 우리 교회가 이 세상 권력자들 옆에 서서 뽐을 내고 있지 않습니까.

4·19 학생 혁명 기념일에 저는 이와 같은 질문을 자성적으로 던져봅니다. IMF 한파로 개혁이다 구조 조정이다 하며 교회 밖에서 떠들어 대는 요즘 교회에서도 세상 사람들처럼 개혁이다 구조조정이다 예산을 줄이고 프로그램을 줄이는 등 이른바 "거품빼기"를 한다고 야단입니다. 한국교회가 아직 정신 못차리고 세상소리, 세상방식을 따라가고 있는 것입니다.

세상에 속해온 죄, 세상 권력과 짝하여 온 죄, 세상 부귀를 꿈꿔온 죄, 세상 방식을 따른 죄, 세상 가르침을 쫓아온 죄, 편하고 넓은 길을 선택해온 죄를 내어놓고 반성하고 회개하는 계기를 가져야 합니다.

"과거를 기억할 수 없는 사람은 과거를 되풀이 할 운명에 있다" 고 조오지 산타야나(Geoge Santayana)는 말했습니다. 그렇습니다. 구한말, 일제시대에 우리 교회가 받은 영광스런 고난, 이 내세우고 싶은 경험을 우리는 기억하여야 합니다. 그러나 해방 후 4·19때 까지 이승만 독재정권과 동침한 수치스런 역사, 이들추어내기 싫은 경험도 우리는 기억하여야 합니다. 그리고 또 4·19 학생 혁명으로 회개치 못하고 지금까지 군사독재 정권과 같은 세속 권력과 짝하여 온, 비기독교적 추한 경험, 이 숨기고 싶은 경험은 우리는 기억하여야 합니다. 아니 "기억"하는 것이 아니라, 역사와 하나님 앞에 우리 모두 두 무릎을 꿇고 회개의 눈물을 흘리어야 합니다. 그래서 이 땅에 있으나 이 땅에 속하지 않은 하나님의 사람으로, 하나님의 교회로 거듭나야 합니다. 이것이 4·19 학생 혁명 기념일에, 나와 여러분, 우리에게 주시는 하나님의 명령일 것입니다. 한국 교회의 모습과 38년이 지난 오늘의 우리 교회의 모습을 한번 겸허하게 견주어 볼 필요가 있습니다. 60년의 교회도 오늘의 교회도 한결같이 하늘나라가 아니라 세상에 속한, 더러운 냄새나는 그러한 교회가 아닙니까. 60년의 교회도 오늘의 교회도 한결같이 세속 권력과 짝하는 추한 모습을 한 그런 교회가 아닙니까. 60년의 교회도 오늘의 교회도 한결같이 회개할 줄 모르는 오만하기 짝이 없는 그런 교회가 아닙니까. 다시 강조하지만, 교회가, 교회 지도자들이 세상 잣대가 아니라 하늘의 잣대로 그들이 채찍질하며 피눈물 흘리는 회개, 그렇습니다. 회개의 운동을 펼치어야 합니다. 이것은 내일 할 일, 다음달에 할 일이 아니라 바로 지금 이순간 시작하여야 할 시급한 문제입니다. 하나님이 지금 여기 저와 여러분께 준엄히 내리시는 긴급 명령이기 때문입니다.

# 왜 친일청산이고 과거사 정리인가
– 한국교회는 교회지도자부터 타협하고 굴종한 행적
  고백해야 할 때

    세상이 하도 어수선하니 날마다 자고 일어나면 새로운 일이 터진다. '원로'라는 이름의 사람들이 시국선언을 하고 장외투쟁을 하겠다고 엄포를 놓는 사건도 벌어졌다. 법과 정부기구 위에 있다는 듯이 위세당당하게 말이다. 교회도 그렇다. 왜 그렇게 단체가 많은지 혼란스럽다. 모두가 '한국기독교'라는 이름을 내걸고 있다.

    최근에는 '한국기독교성령 100주년대회'라는 단체에서 '한국기독교 성령의 사람 100인'을 선정해서 말이 많다. 단체가 수도 없이 많고 또 그들이 무슨 일을 어떻게 하든 관심 가질 일이 아니다. 그러나 '한국기독교'라는 이름을 내걸고 일을 하면 그것은 우리 기독교공동체 구성원이 당연히 관심을 가져야 하는 '공공의 영역'이다.

보도에 따르면, 그 단체의 대표와 선정 위원들이 자신의 이름을 100인 명단에 넣었단다. 소나 돼지가 웃을 일이다. 철없는 어린 아이도 손가락질 할 일을 했다. 양식을 가진 이들이라면 남이 주어도 사양하는 것이 마땅하다. 그리고 살아있는 이들은 그러한 역사적 인물선정에 포함하지 않는 것이 상식이다. 보도가 사실이라면, 이들의 행위는 기독교의 미덕이라는 종됨이나 자기낮춤은 말할 것도 없고, 세상 사람들의 양식과 상식의 수준에도 못 미친다. 이러한 행위와 행동을 막무가내로 해대니 교회지도자들이 교회 안팎에서 손가락질을 받고 있는 것이다.

특히 이들이 선정한 인물들 가운데는 친일파라고 불리는 이들이 대거 포함되어 있다. 백낙준이 그러하고 김활란과 고황경이 그렇다. 양주삼도 그렇고 최태용과 채필근이 그러하다. 이들은 윤치호를 '독립운동' 분야의 인물로 선정했는데 역사를 몰라도 너무 모르는 선정이다. 그가 근대 시민운동을 펼치긴 했어도 식민지시대 내내 '독립운동'을 뚜렷이 하지도 않았고, 일제 말에는 전쟁동원에 앞장선 친일인물로 역사는 기록하고 있다. 누가, 왜, 어떤 기준으로 한국기독교의 '성령의 사람'으로 뽑았는지 이제는 공공의 마당에서 논의하고 토론해야 한다. 호텔방 구석에서 끼리끼리 모여 한국기독교의 대표적 인물을 선정하는 것은 기독교와 우리 사회의 '올제'를 위해서 비판받아야 한다.

밖에서는 개혁을 이야기하고 어두운 과거의 굴절된 역사를 바로잡아 올곧고 건강한 미래를 만들어가자고 야단이다. 그런데 한국기독교 단체가 '친일 인물'을 '성령의 사람'으로 선정했다. 정의의 역사를 세우려는 시대정신에 역행하는 것이다. 한국교회는 '어제' 이 땅에서 이러저런 공헌을 했다고 소리치기에 앞서 역사의 어두운 시대에 교회가, 교회 지도자들이 현실과 타협하고 굴종한 행적을 고백하고 회개의 기도를 올리어야 할 때다.

교회가 앞장서 '어제'의 굴절을 고백하고 앞장서야 한다. 그것은 일제시대만으로 제한해서는 안 된다. 권위주의와 군사독재시대에 교회가, 교회지도자들이 독재자들과 호화호텔에 자리하여 독재자를 '모세'니 '여호수아'니 하며 독재자를 칭송하고 함께 춤추어 온 '가까운 어제'도 포함되어야 한다.

이렇게 하는 것이 10년 후, 20년 후에 또다시 '과거사 정리'로 혼란을 겪는 것을 막는 일이다. 이렇게 하는 것이 앞으로 교회와 교회지도자들이 세상권력과 짝하는 것을 앞서 막는 일이다. 이렇게 하는 것이 한국기독교가 이 사회, 이 시대에 '소망의 공동체'가 되는 길이다. 이렇게 하는 것이 앞으로 낯 뜨겁게 스스로 이름을 집어넣는 몰염치를 막는 일이다. 왜냐하면 '가까운 올제'에는 그 '명단'에 든 인사들이 '역사 검정'을 받고 '역사 심판'을 받게 되기 때문이다.

아, 언제 이 땅에서, 언제 우리 기독교회에서 존경스런 지도자를 보게 될까.

# '친일청산' 교회가 앞장서야 한다
― 그래 '이름 없는' 사람이 교회 지켰고 '이름 있는' 자가 친일행위 했다

　요즈음 우리 사회에서 '역사'라는 말이 주요 화두다. 중국의 '동북공정'의 고구려 역사왜곡과 일본의 파당적 역사쓰기가 그러하고, 일제시대와 군사독재시대 때 숨겨졌거나 왜곡된 역사를 다시 살펴보자는 논쟁도 역사에 대한 것이다. 역사학자가 아니라도 우리사회의 구성원이라면 누구나 이 '역사문제'에 한 마디 할 수 있는 권리가 있다.

　이러한 때에 한국교회 사학자이자 목사인 민경배 교수가 강남의 한 교회에서 한 설교가 논쟁을 불러왔다. 보도된 바로는 민 교수는 다음과 같은 말을 하였다고 한다.

　"일제 때 살던 사람들이 일제를 말하여야 한다. 70대 이상이

라야 일제를 말할 자격이 있다", "이름 없는 사람들이 교회를 지켰는데 지금 그 사람들을 향해 친일, 반역이라 말한다. 그때를 살아보기라도 했는가", "친일청산 한다고 하면서 문학, 음악, 언론, 자본, 산업을 다 찾겠다고 한다. 그러나 민족을 위해 애썼던 사람들을 먼저 찾아야한다. 그런데 왜 않는가. 간단하다. 없으니 못하는 것이다. 3천만 동포 중에 한사람도 그런 사람이 없었는가. 없었다. 없으니 못하는 것이다", "할 수 없이 한 일을 가지고 친일청산 한다는 것은 가슴 아픈 일이다"

이 보도가 사실이라면 이는 교회사학자의 말일 수도 목사의 말일 수도 없다. 이런저런 역사학자들의 말을 따올 필요도 없이 역사학이란 '오늘'에서 '어제'를 바라보고 어제에서 오늘을 비추며 '올제'를 가늠해 보는 것이다. 아름다운 '어제'라고 우긴다고 '어제'가 아름다운 것이 되지 않고 '오늘'과 '올제'의 우리 삶이 아름답게 되는 것이 아니다.

우리가 역사를 공부하는 것은 '어제'의 '잘함'과 '못함'을 밝혀 '이제'와 '올제'의 삶을 올곧게 그리고 건강하게 하기 위함이다. 그런데 '어제'에 살던 사람들이 '어제'를 말해야 하고 '오늘'에 사는 이들이 '어제'를 말할 자격이 없다고 우기는 것은 역사학자의 말이 아니다.

특히 민 교수가 "친일청산 한다고 하면서 문학, 음악, 언론, 자본, 산업을 다 찾겠다고 한다. 그러나 민족을 위해 애썼던 사람들을 먼저 찾아야한다. 그런데 왜 하지 않는가. 간단하다. 없으니 못하는 것이다. 3천만 동포 중에 한사람도 그런 사람이 없었는가. 없었다. 없으니 못하는 것이다"라고 말했다는데 이는 어처구니없는 '역사왜곡'이고 국내외에서 독립이다 해방이다 하며 허기진 배를 움켜잡고 투쟁한 수많은 투사들의 영혼을 죽이는 '만행'이다.

역사학을 빗댄 민 교수의 '역사왜곡'과 '만행'은 여기에서 끝나지 않는다. 그는 "이름 없는 사람들이 교회를 지켰는데 지금 그 사람들을 향해 친일, 반역이라 말 한다"고 했다. 그렇다. '이름 없는 사람들'이 교회를 지켰다.

어두운 시대에 교회에 나가 민족해방을 기도한 수많은 이름 없는 그리스도인들이 교회를 지켰다. 우리는 그들을 '친일, 반역'이라고 말하지 않는다. '이름 있는' 교회지도자들이 친일행각을 하였고 그래서 우리는 그들을 '친일, 반역'이라고 규탄하는 것이다.

　현실이니 처세라는 이름으로 시세에 따라 교묘하게 옷을 갈아입고 힘센 자에게 아부하고 아첨하여 자기의 자리를 보전하고 이익을 챙기는 재주꾼과 패배기들이 판을 치는 오늘의 우리 사회의 앞날을 위해서 그 시대의 '이름 있는' 교회지도자들의 친일행위를 우리는 '친일, 반역'이라고 질타하는 것이다.

　민 교수는 또한 목사다. 그런데 민 목사는 교회지도자들의 친일행위를 옹호하거나 왜곡하고 있다. 오히려 민 목사가 일제 때 일부 '이름 있는' 교회지도자들의 친일행위를 말하면서 이 땅의 그리스도인들이 회개하자고 했어야 하지 않은가.

　그래서 우리 공동체에서 일고 있는 '일제청산'이라는 역사의 부름에 교회가 앞서 '어제'를 고백하고 '이제'의 옷깃을 여미며 '올제'의 길을 터주자고 하여야 하지 않은가. 이 땅의 교회를 위해서, 우리의 공동체를 위해서 교회가 앞서 '어제'의 '잘못'을 드러내 놓고 회개하자. 미국의 철학자 조오지 산타야나(George Santayanna)가 말했다. "과거를 잊어버리는 자는 그것을 또 다시 반복하게 되는 것이다"라고.

# 『크리스천 신문』의 창간
## -그 역사성과 오늘의 소명

**머리글**

　『크리스천신문』은 1960년 7월 9일 『크리스천신문』으로 창간되었다. 그러니까 그해 봄에 일어난 4·19혁명이 일어난 지 석 달이 채 되지 않아 아직 정치적, 사회적으로 그리고 한국 기독교 공동체에서도 변혁의 물결이 드세게 몰아칠 때에 어떤 교단의 소식지나 홍보지가 아니라 교파의 울타리를 벗어나 범 교파적, 초 교파적 교회주간지로 세상에 모습을 드러내었다. 바로 여기에서 우리는 『크리스천신문』의 '역사성'을 읽게되고, 바로 여기에서 오늘날 우리 사회에서 그리고 우리 기독교 공동체에서 이 신문이 태생적으로 담당하여야 할 특수한 '소명'을 다시 한번 음미할 수 있게 된다. 자기의 정체성을 확인하고 겸허하게 지나온 자기의 모습을 자성적으로 살펴보는 것이 창간축하 케이크를 자르는 것 보다 더 의미 있는 일이라 할 수 있다.

우리가 익히 아는바와 같이 1960년 4월 혁명은 이른바 이승만 독재정권을 무너뜨리고 새로운 시대를 열었다. 3월 15일 정.부통령 선거에서 당시 집권당인 자유당이 대통령에 이승만, 부통령에 이기붕을 당선시키기 위해 우리 역사상 유례가 없는 타락, 관권, 부정선거를 감행하였다. 이를 보고 전국의 대학생, 고등학생들이 캠퍼스를 뛰쳐나와 "부정선거 다시 하자," "대통령 하야"를 부르짖고 나섰던 것이다. 독재정권의 하수인 노릇을 하던 군대와 경찰의 무차별한 폭력진압으로 수많은 생명을 앗아갔으나 학생과 시민들은 '주검을 넘어' 경무대로 돌진하게 되었다. 부정선거 규탄으로 시작한 이 혁명은 마침내 12년의 독재정권을 몰락시키게 된다. 한때 '국부'로 추앙 받던 이승만은 하와이로 망명길을 떠나게 되고 허정을 수반으로 하는 과도정부가 들어서게 되었다. 막강한 힘을 가진 부정의 정권, 독재의 정권이 학생과 시민의 피의 힘 앞에 무릎을 꿇게 된 것이다. 이것이 바로 '4월 혁명'인 것이다.

이 혁명 전후에 우리사회가 해방이후 아니면 근대이래 줄곧 짓눌리고 짓밟혀온 기본 권리와 자유에 대한 목마름이 거대한 혁명적 변혁을 외치는 함성으로 터져 나왔다. 이러한 함성은 학생이나 지식인, 농민이나 노동자만의 것이 아니라 우리 국민 모두의 함성으로 나타난 것이었다. 깨끗한 정치, 부정 없는 선거, 사상의 자유, 통일에의 열망, 농민, 노동자들이 의미를 찾을 수 있는 삶, 이런 것들은 당시 역사 현장에 있었던 이들의 공통된 요구이었고, 그래서 변혁을 갈망하는 당시의 역사적 물줄기는 점점 더 거세지기만 하였다. 변화하지 않고는, 개혁하지 않고는 아니 혁명적으로 바꾸지 않고는 이 도도한 혁명의 물줄기를 막을 수 없는 것이 현실적으로 그려낸 당시의 역사 그림이다. 이러한 역사적 그림을 배경으로 하여 『크리스천』 창간의 역사성을 읽어야 한다.

## 1. 4·19혁명과 한국기독교

거세지기만 하는 변혁과 개혁의 물줄기는 기독교를 외딴 섬으로 남겨두지 않았다. 어쩌면 기독교 공동체 안에서 일기 시작한 혁명적 변혁은 '홍수'로 비교하여야 할 정도로 무서운 것이었다. 그것은 바로 비판과 타도의 표적인 이승만 정권과 기독교 공동체가 오래도록 유착하여왔기 때문에 교회 밖에서 기독교를 보는 눈은 매섭기만 하였고 그래서 교회 안에서 '유착하여온 기독교'를 청산하지 않고는 이 나라에서 기독교가 설자리도 없고 또한 있어야 할 이유가 없다고 믿는 이들이 분연히 일어서게 되었기 때문이다.

우리가 익히 아는 바와 같이, 기독교 공동체는 이승만 정권이 들어선 1948년부터 줄곧 '기독교 정권'이라고 하여 열렬한 지지를 하여왔다. 부도덕하고 불의한 독재정권을 대통령, 부통령과 같은 장관들이 기독교인이고 집권여당에 기독교인들이 많다는 이유로 기독교는 지지해 온 것이다. 대통령 취임식 할 때 성경 위에 손을 얹고 선서했다는 이유로 기독교는 불의의 정권을 지지해 온 것이다. 군대에 군목제도를 만들고, 일요일과 크리스마스를 나라의 공휴일로 만들었다는 이유로 기독교는 독재정권을 지지하였다. 기독교인이 전체인구의 10퍼센트도 안될 때 행정, 입법, 사법부의 요직 약 40퍼센트를 기독교인들이 차지하였다

하여 기독교는 불의의 독재질서에 안주하여온 것이다. 이승만 정권과의 유착, 그 덕에 기독교는 이승만 집권 내내 엄청난 영향력을 행사하였고 또한 그 유착을 자랑이라도 하듯 위세를 부리었다.

모름지기 기독교는 '예수 믿는 이들의 공동체'다. 예수 믿는다는 이들은 세상나라가 아니라 하늘나라 시민임을 고백한 이들이고 그래서 이 세상에 살면서도 하늘나라를 그리는 이들이다. 이 세상 것들을 초월한 이들이다. 그렇기에 기독교인들은 적은 수였지만 구한말에는 유교적 조선의 사회질서에 타협하거나 안주하지 않고 유교적 봉건질서에 맞서 천대받고 억눌려온 상민과 천민 그리고 아이들과 부녀자들 편에서 "하나님 앞에서 모두가 평등하다"고 가르쳤고 유교적 봉건질서가 하나님이 만든 것이 아니라 인간이 만든, 그래서 혁파되어야 한다고 당시 개혁의 물꼬를 텄고 또 그 물줄기를 앞서 헤쳐 나갔다. 일제시대에도 마찬가지다. 식민세력과 타협하거나 식민질서에 안주하지 않고 정면으로 돌파하고자 했던 예수 믿는 사람들은 출애굽의 기도, 출애굽의 행동을 하고나섰던 것이다. 초월의 참 믿음을 가진 이들은 사악한 식민의 굴레를 떨쳐 버리고 새 하늘, 새 땅을 염원하는 기도와 행동을 하지 않고는 삶의 의미를 찾을 수가 없었다. 바로 이러한 기독교인들이 105인 사건, 3·1운동, 신사참배 거부운동을 비롯한 숱한 사건과 운동에 앞선 것이다.

그러나 앞서 말했지만, 이러한 기독교인들, 이들의 공동체인 교회가 해방이 되어 이승만 정권이 들어서자 초월의 신앙을 내동댕이치고, 하늘나라를 그리기보다 이 세상의 권력과 부를 먼저 생각하고, 하늘나라 시민이라는 '장자의 자부심'을 세상나라의 '달콤한 팥죽 한 그릇'과 바꾸었던 것이다. 이제 더 이상 기독교는 하늘나라를 그리며 하늘나라 잣대를 가지고 "여기 그리고 지금"의 것들을 재고 고치며 살아가는 이들의 공동체가 아니었다. 이제 기독교 지도자들은 세속권력의 중추세력이 되었고 교회는 세속권력, 특히 불의하고 부패한 독재권력과 같은 침대에서 잠을 함께 자는 공동체로 타락한 것이다. 동침의 달콤함을 맛본 기독교의 부패하고 불의한 독재정권과의 '음란의 행각'은 이제 드러내놓고 이루어지게 되었다. 이승만을 모세로, 이기붕을 여호수아로 치켜세우고 '한국기독교선거대책위원회'를 만들어 이승만과 그 추종세력을 당선시키고자 맹렬히 활동하였다. 주일마다 이들의 당선을 위한 '특별'기도와 설교가 전국방방곡곡에 들어선 교회당에서 있었다. 이 땅에 있으나 저 나라를 그리고, 이 땅에 주님의 뜻을 이루어야하는 기독교, 그래서 이 땅에 있으나 이곳의 것을 혁파해 나가야하는 기독교가 세속권력과동침한 이래 목덜미가 잡혀 그 세속권력의 '종'이 되어 '종노릇'을 하게 된 셈이다.

이렇게 볼 때, 4·19혁명은 이승만 독재정권을 무너뜨린 학생, 시민혁명, 그래서 그 정권과 깊이 잠자고 있던 한국기독교에 공동체에 철퇴를 가한 대 사건이기도 하다. 그래서 당시 기독교의 양심적 지성들은 무너진 독재정권의 죄악을 교회가 책임을 져야 한다는 소리를 내기 시작하였다. 독재정권과 함께 놀아난 교회지도자들에 대해 비판과 더불어 교회가 초월적 신앙의 공동체로서 이 세상, 이 나라에 어떠한 말을 하여야 하고 어떠한 행동을 하여야 하는지를 자기 성찰적으로 논의하기 시작하였다. 그래서 4·19혁명은 당시 양심적 기독교 신학자였던 김재준에게는 "어두움을 꽤 뚫은 섬광"으로 보인 것이다.

그러나 4·19혁명이 오래도록 독재정권과 동침하며 달콤한 꿈을 꾸어오던 기독교 지도자들과 그들의 공동체가 혁명의 새벽 닭 울음소리에 정신을 차린 것은 아니다. 기독교 지성 장하구는 당시 기독교 공동체는 교회 밖의 외침이 무엇인지도 모르고 깊은 잠에 빠져있었는데 바로 문밖에 와서 "아침"이 되었다고 소리치자 귀찮은 듯 눈을 비비고 일어났다고 당시의 교회 안의 분위기를 그리고 한탄한 바 있다. 그렇기에 새문안교회 청년들은 "교회의 달력은 아직도 4월 18일"이라고 독재정권과의 동침에서 아직 깨어나지 못한 교회를 고발하고 나선 것이다. 그랬다. 4·19혁명으로 한국기독교는 하나님 앞에 무릎 꿇고 불의와 부패의 독재정권과 동침한 음란죄를 고백하지 못했다. 하늘나라 사람이 세상권력과 짝하여 놀아난 간음죄를 회개하지 않았다. 오히려 그 단잠의 달콤함, 그 동침의 짜릿함을 그리워하며 단잠을 깨우는 이들을 원망하듯 하였다. 4·19혁명으로 음침한 골짜기를 거닐던 한국교회에 변혁의 섬광이 순간 비춰었지만 거대한 기득권의 벽을 깨뜨리지 못하고 말았다.

## 2. 『크리스천』 창간의 역사성

바로 이러한 변혁의 좌절에서, 소망 없는 폐허에서 『크리스천』은 교회 안팎의 좌절한 변혁의 울분을 토해내듯 4·19혁명이 일어난 지 석달이 채 못되는 날 이 세상에 태어났다. 김형석, 황광은, 장하구, 김동수, 백난준, 박창목, 홍동근, 조향록, 임영빈, 윤성범, 박창환과 같은 당시 교회 안팎에서 내노라 하는 지식인이요, 문필가이자 변혁을 추진하였던 이들이 필진을 이루며 교회와 사회에 나선 것이다. 변혁이 좌절하여 폐허가 되어가던 당시 사회와 교회를 그냥 둘 수 없다는 듯 '하늘나라 잣대'를 가지고 이 사회, 이 교회를 변혁시키고자 하는 이들의 가슴을 함께 모아 이 세상에 나온 것이다. 그렇기에 1960년 7월 9일 나온 창간호의 일면 머릿기사가 바로 거대한 교회 기득권세력에 맞서 일어나고 있었던 젊은 성직자들과 청년들의 교회갱신을 다루고 있는 것이다.

창간호부터 『크리스천』의 화두는 교회의 것이자 세상의 것이었고, 세상을 이야기하나 항상 '그의 나라'를 생각하는 것이었다. 변혁의 물결이 드센 사회의 요구를 외면한 채 교권에 눈이 어두운 지도자들, 그들 때문에 일어나고 있던 교회의 분열을 막고 하나가 되어 교회 안팎의 변혁에 앞장서야 한다고『크리스천』필진들은 울먹였다. 오랜 독재권력과의 동침을 반성하고 새로이 들어설 정권과의 관계를 다루는가 하면, 민족공동체의 염원인 통일문제를 심도있게 다루기 시작하였다. 21세기에 사는 우리들조차 말하기 어려운 '중립화 통일'을 42년 전『크리스천』은 용감하게 공론화하고 있다.

그것은『크리스천』의 창간정신의 발로이다. 창간호 일면 오른쪽 위 구석에, 그러나 감히 엄숙하기조차 한 자리에 "우리의 주장"이 있다. 이것이 바로 이 신문의 창간정신이자 존재 이유다. "『크리스천』은 교회에 순종한다. 그러나 불의와 세속에는 용감히 항거한다. 이것이 프로테스탄트의 신앙이며『크리스천』의 주장이다." 4·19혁명으로 구체제가 무너지고 새로운 질서를 갈망할 때, 예 독재정권과 유착하여 온갖 영화를 다 누리던 교회의 기득권세력을 몰아내고 초월신앙의 참다운 공동체를 건설하려고 할 때, 아니 그러한 변혁과 변화의 꿈이 좌절하고 소망을 잃어갈 때『크리스천』은 교회 안팎의 변혁의 불씨를 살리고자 나선 기독교 공동체 안의 변혁적 세력의 대변지로 태어난 것이다. 그래서 『크리스천』은 "교회를 정화하고 조국과 겨레의 앞날에 이바지하려는 신앙을 가진 분은 다 우리의 동지"라고 선포할 수 있었다. 그렇다. 오늘날 『크리스천신문』이라 이름하여 나오고 있는 『크리스천』은 이러한 우리 민족사의 큰 전환점에서, 우리 교회사의 큰 분수령에서 변혁과 개혁 그리고 정화의 소리를 담아 겨레의 역사가 전진하고 기독교 공동체가 그 역사의 행군대열 앞에 설 수 있도록 하자는 간절한 기도가 잉태하여 나오게 된 것이다. 바로 여기에 이 신문의 역사성, 다른 기독교계 신문이 가지지 못한 이 신문의 역사성이 있다. 그것은 두말할 필요도 없이 『크리스천신문』은 우리 기독교 공동체가 시대에 앞서 교회와 겨레가 나아가야 하는 방향을 제시하고 또 그 길 맨 앞에 서고자 한 창간의 정신에서 찾아야 한다.

### 3. 『크리스천신문』의 '소명'

창간의 역사성이 엄숙하게 일러주고 있는 것은 다른 기독교계 신문과는 전혀 다른 독보적 자리에 『크리스천신문』이 있다는 사실이다. 앞서 말했지만 『크리스천』은 범 교파적, 초 교파적 기독교 신문으로 등장하였다. 거의 모든 교계 신문들이 교단지이기 때문에 그 자체로 한계를 지니고 있다면, 『크리스천신문』은 교단지가 갖는 한계에서 자유로운 신문이다. 둘론 교단을 배경으로 삼고 있는 기독교계 신문들이 경제적으로 '영화'(?)를 누리고 있고 『크리스천신문』은 어느 교단도 재정적 지원을 하지 않는 그야말로 '애처로운 신세'의 신문이다. 사실, 이 신문 42년사를 일별하면 재정적인 문제로 얼마나 많은 고초를 겪어 왔는가. 그러나 수많은 교단지들이 교단의 소식지 또는 선전지가 되는 경향이 있으나 이 '애처로운 신세'의 『크리스천신문』은 적어도 어느 누구의 소식지나 어느 교파의 선전지가 되지 않은 여건을 가지고 진실로 '신문'이 되어 왔다. 교단지들이 교파의 정치적, 신학적 담벼락에 갇혀 우리 기독교 공동체가, 우리 겨레가 요구하는 화두를 꺼낼 수 없고 또 그러한 담론을 담아낼 수 없는 반면, 『크리스천신문』은 당당하게 교파의 정치적, 신학적 한계를 넘어 우리 교회와 겨레의 요구에 쉬이 부응하는 화두와 담론을 꺼낼 수 있다.

그래서 『크리스천신문』은 창간이래 통일, 노동, 여성, 평화, 환경 따위의 문제, 심지어는 중국동포, 외국인 노동자 문제, 그리고 동성연애문제나 남북문제를 어느 교계 신문보다 앞서 '진보적으로' 그리고 '복음적으로' 균형을 잃지 않고 다루어왔다. 보수 교단지에서는 꿈도 꾸지 못할 글들 — 이를테면 홍근수나 서경석의 칼럼들을 『크리스천신문』에서 우리는 읽고, 진보교단지에서 기대할 수 없는 글들 — 박명수나 김찬종의 글들을 우리는 『크리스천신문』에서 만날 수 있다. 주로 자기 교파 사람들의 글만을 싣는 교단지들의 편협하고 왜소한 생각과 입장에서 이 신문은 자유로울 수 있다는 말이다. '세상 것'에 지니지 않는 부자의 금은보화보다 가난한 과부의 동전 한 닢의 값진 자리를 『크리스천신문』은 차지하고 있는 것이다. 교단이나 교파가 주는 달콤한 재정적 지원을 가지지 못한 『크리스천신문』은 교단이나 교파가 짓누르는 정치적, 신학적 억압으로부터 벗어나 한국기독교 공동체의 다양한 스펙트럼과 퍼스펙티브를 담을 수 있는 자유함의 축복을 가지고 창간된 것이다.

바로 이 '축복'이 『크리스천신문』이 태생적으로 타고난 '소명'

과 이어진다. 이를테면, 우리 교계와 학계의 한 구석에서 비판해 마지 않는 개교회 이기주의, 교파 이기주의는 교단이나 교파의 신문들이 변혁적인 태도를 가지고 심층적으로 논의할 수 없다. 대형교회의 '세습문제'도 마찬가지이다. 자기 교파 소속교회의 세습 문제는 거의 언급하지 않고 다른 교단의 세습문제를 보도하는 교단지들의 이기주의나 편견 또는 편협의 태도를 가지고는 우리 기독교 공동체의 변혁의 목소리를 담아낼 수도 없고 그래서 이 사회나 겨레에 대하여 예언자적 목소리를 낼 수가 없다. 그러나 『크리스천신문』은 신학적으로 왼쪽에 있거나 오른쪽에 있거나 상관없이, 그리고 큰 교단이나 작은 교파에 신경 쓰지 않고 한국 기독교 공동체를 위해 나아가 우리 겨레와 사회를 위해 다양한 소리, 폭넓은 이야기를 할 수 있는 축복과 함께 소명을 받은 것이다.

### 꼬리글

4·19혁명은 이승만 독재를 무너뜨리고 이 땅에 변혁과 개혁의 회오리를 몰고 왔다. 이승만 정권과 유착의 나날을 보내면서

'안주의 달콤함'에 빠져 초월의 신앙을 상실하여 한낱 세상의 한 이권 집단이 된 기독교는 4·19혁명으로 술렁거리기 시작하였다. 함께 동침한 이승만 정권이 몰락한 때문이기도 하고 또한 교회 안팎에서 개혁이다 회개다 변혁이다 하는 소리가 드세게 일어난 까닭이기도 하다. 그러나 기독교 공동체는 교회 안팎에서 나온 변혁의 소리를 잠재우고 정화운동을 가라앉히었다. '섬광'처럼 온 4·19혁명도 교회의 '어두움'을 거두어내지 못하였다. 교회 지도자들은 그 뒤에도 계속, 30여년의 군사독재시대를 지나면서도 줄곧 조찬기도회니 구국기도회니 하며 호화호텔에서 고급음식을 먹어가며 불의, 폭력, 부패세력과 자리를 함께 하며 기도하고 찬송하고 또한 독재자를 '위대한 지도자'라고 칭송하였던 것이다. 이것은 4·19혁명 후에 나타난 교회의 변혁운동이 실패한 까닭이다.

 4·19혁명 이후 일어난 교회의 변혁 운동세력이 『크리스천신문』을 창간하였다. 비록 당시에는 좌절하였더라도 이 교회언론매체를 통해서 올바른 기독교정신, 바로 초월적 신앙의 잣대로 교회를 고치고 사회를 바로잡겠다는 이들의 변혁의식이 이 신문

을 태동케 한 것이다. 바로 이 창간의 역사성이 이 신문으로 하여금 줄곧 교회의 갱신을 이야기하게 했고, 바로 이 창간의 역사성이 이 신문으로 하여금 독재자들을 위한 국가 조찬기도회를 비판하고 민주, 인권 그리고 통일을 이야기하다 감옥에 가고 고통받은 함석헌, 김재준, 문익환, 문동환, 안병무를 다루게 한 것이다. 바로 이 창간의 역사성이 이 신문으로 하여금 이 세상 권력과 짝하여 현실에 안주하여 안락한 삶을 꾸리기를 거부하고 저 하늘나라의 잣대로 군사독재질서를 질타하게 한 것이다.

창간 42주년을 맞아 창간의 역사성, 그리고 『크리스천신문』이 축복으로 받은 범 교파적, 초 교파적 기독고 신문이라는 특수성이 주는 소명을 깊게 되새긴다면 이 신문은 우리 기독교 공동체, 나아가 우리 겨레에게 사랑 받고 소중히 여김을 받는 신문이 될 것이다. 『크리스천신문』의 창간을 의례적으로 축하하고 케이크를 자르기보다 이 신문이 지닌 역사성과 특수성, 그리고 하나님이 주신 소명을 되새김질할 때다. '돼지에게 준 진주'를 부러워 말고 과부의 동전 한 닢을 소중히 여기는 창간 기념일이 되기를 바란다.

# 지은이 소개

지은이 박정신은 숭실대, 고려대, 미국 워싱턴대학에서 역사학을 중심으로 폭넓게 인접학문을 넘나들면서 공부를 하고, 역사학박사를 받은 후 줄곧 미국 남오레곤주립대를 거쳐 오클라호마주립대학교에서 역사학과와 국제학대학원 종신교수로 미국학생들을 가르치다가 2000년 숭실대학으로 와 기독교와 역사사회변동, 한국기독교사를 가르치고 있다.

또한, 왕성한 연구와 열정적인 교육과 더불어 활발한 사회봉사활동을 해왔다. 국가보훈처 국가공적심사위원, 동북아역사재단 자문위원, 한국국제교류재단 자문위원, 국사편찬위원회 해외동포사편찬 자문위원, 〈뉴스앤조이〉 편집인, 학술지 〈해외한국학 평론〉, *International Journal of Korean History* 그리고 *Journal of Northeast Asian History* 편집위원으로 사회와 학계에 봉사하고 있다.

그는 『근대한국과 기독교』(민영사, 1997), *Protestantism and Politics in Korea*(University of Washington, 2003), 『한국기독교사 읽기』(다락방, 2004), 『한국기독교사 인식』(혜안, 2004), 『역사학에 기댄 우리지성 사회 인식』(북코리아, 2008) 그리고 『한국기독교사의 새로운 이해』(새길, 2008)를 펴냈으며 100여 편에 이르는 논문과 학술에세이를 썼다.